施設ケアプラン

事例集

阿部 充宏 著

疾患別・状態別
書き方のポイント

中央法規

─── は じ め に ───

　2000年にスタートした介護保険制度において【施設におけるケアマネジメントは必要である】という考えのもとで、施設ケアマネジメントが導入されました。あれから、20年以上の時が経過するなかで、居宅介護支援においては、改正のたびに変更・進化を繰り返してきました。しかしながら、この20年、施設ケアマネジメントに関する国の議論は少なく、結果として、2000年から大きな変更もないままに今日を迎えています。

　同時に、施設に特化した研修機会などが十分ではなく、居宅ケアマネジャーと比較すると、学ぶ（学び合う）環境も見劣りしてしまうのは否めません。その反面で、私がかかわる保険者においては「居宅介護支援」と同様に、「施設ケアマネジメント」も重要であるという認識から、保険者主催の施設ケアマネジャー向けの研修が開催される先進的な取り組みが増えてきています。また、給付の適正化の観点から、ケアプラン点検事業においても「居宅介護支援ありき」ではなく、施設ケアマネジメントを積極的に対象とする保険者も出てきました。

　施設の特徴は、【入居者が自宅以外の場所で生活していること】だと思います。家族以外のサポート（専門職）を主として、家族以外の人と同じ空間で生活します。もちろん、プライベートエリアはありますが、ほぼ、パブリックスペースでの暮らしとなります。プラス面、マイナス面どちらもありますが、施設では自宅を超えられないものもあるかもしれません。だからこそ、施設におけるケアマネジメントは、「入居者らしく」が常にキーワードとなります。自宅に比較して、「**入居者らしく**」を実現できる場面が少ないからこそ、施設ケアマネジャーの存在と価値は大きいと考えます。施設のおかれている状況（ヒト・モノ等）を見ながらも、そのなかで入居者主体を常に考え、施設内のチームメンバーの和を保ちつつ、入居者一人ひとりに合ったサポートを模索し、その時々の「最適」を目指していく存在は必須ですし、貴重です。

　2021年4月15日、『文例・事例でわかる　施設ケアプランの書き方─具体的な表現のヒント』（中央法規出版）を上梓させていただき、驚くほどの反響をいただきました。そのとき、施設ケアマネジャー・施設ケアマネジメントは「もっともっと進化できる」と確信しました。今回は、多くの声を受けて「続編」という位置づけで、「施設ケアプランの書き方事例集」を作成させていただきました。前作のケアプランの書き方を踏襲し、さらに「介護サービス計画書の様式及び課題分析標準項目の提示について」の一部改正について（介護保険最新情報Vol.958（令和3年3月31日））を参考とした事例集となりました。特別養護老人ホーム・介護老人保健施設・介護医療院だけでなく、グループホームや介護付き有料老人ホーム等、【住まい】と【サービス】を提供しているケアマネジャーの皆さんに手にとっていただき、施設ケアマネジメントの進化の叩き台としていただければ幸甚です。

　ケアマネジメントの原理原則は施設も居宅も介護予防も同一です。ただし、その環境や人的状況などの特徴は無視できない要素であるため、その特徴を理解し共有しながら、施設ケアマネジメントの進化をともに目指していければと思います。

2023年5月　阿部　充宏

第4章　医療的なケアが必要な事例

第5章　例外・緊急時等押さえておきたい事例

本書の留意事項

※法令上では認知症対応型共同生活介護（グループホーム）、特定施設入居者生活介護（介護付き有料老人ホーム）は、居宅ケアマネジメント（居宅ケアプラン）の対象ですが、本書では実務上の取扱いを踏まえ、施設ケアマネジメント（施設ケアプラン）の文脈のなかで解説いたします（介護保険法第8条第24項）。

※本書は「介護サービス計画書の様式及び課題分析標準項目の提示について（平成11年11月12日老企第29号）」の施設サービス計画書標準様式第1表～第4表の内容を中心に解説しています。

ただし、法令上、施設ケアプラン（施設サービス計画）に定める事項として

①施設が提供するサービスの内容、これを担当する者、

②当該要介護者及びその家族の生活に対する意向、

③当該要介護者の総合的な援助の方針、

④健康上及び生活上の問題点及び解決すべき課題、

⑤提供する施設サービスの目標及びその達成時期、

⑥施設サービスを提供する上での留意事項

が規定されています（介護保険法第8条第26項、介護保険法施行規則第19条）。

これは施設サービス計画書標準様式の第1表・第2表の内容にあたり、第3表、第4表は含まれていないことに留意してください。

● **法令上の枠組み**

居宅ケアマネジメント	グループホーム、介護付き有料老人ホーム
居宅ケアプラン	第1表、第2表、第3表、第6表、第7表
施設ケアマネジメント	介護老人福祉施設（特別養護老人ホーム）、介護老人保健施設、介護医療院
施設ケアプラン	第1表、第2表

● **本書の対象**

施設ケアマネジメント	特別養護老人ホーム、介護老人保健施設、介護医療院、グループホーム、介護付き有料老人ホーム
施設ケアプラン	第1表、第2表、第3表、第4表

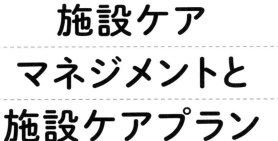

第1章

施設ケア
マネジメントと
施設ケアプラン
の現状

01 記載要領の改正がない施設ケアプラン

「介護サービス計画書の様式及び課題分析標準項目の提示について」の一部改正（以下、改正通知）が令和3年3月31日に厚生労働省より発出されました。その主な内容として、第1表の「利用者及び家族の生活に対する意向」という項目名が、**「利用者及び家族の生活に対する意向を踏まえた課題分析の結果」**に変更されたことなどが挙げられます。それにより、居宅ケアマネジャーの書き方に悩む声がより多く聞かれている状況です。

　施設は、結論をいえば、改正通知の対象にはなっていません。そのため、現時点で施設ケアプランについて、国から出た通知の最新版は、平成11年のものがベースにあります。そうはいっても、改正通知は参考にする点も多く、「施設には関係ない」ではなく、「施設においても積極的に取り入れる」というスタンスでいることが肝要です。

※なお、以下本書では、介護老人福祉施設（特別養護老人ホーム）、介護老人保健施設、介護医療院、認知症対応型共同生活介護（グループホーム）、特定施設入居者生活介護（介護付き有料老人ホーム）の利用者を原則、「入居者」と統一しています。ただし、介護保険法上では、介護老人福祉施設、介護老人保健施設、介護医療院の利用者を「入所者」、認知症対応型共同生活介護、特定施設入居者生活介護の利用者を「入居者」と区別しています。本書においても、法文からの引用箇所については「入所者」「入居者」を使い分けています。

施設ケアマネジメント・施設ケアマネジャーの役割と意義

　施設ケアマネジャーは居宅ケアマネジャーに比べて、さまざまな施設の条件や環境による働きにくさがあると耳にします。ケアマネジャー以外の業務との兼務や施設の慣習によって、ケアマネジャーとしての力量を発揮したくても発揮しきれないこともあるでしょう。そういったとき、施設ケアマネジメント、施設ケアマネジャーとしての役割や意義について、自信を失くしてしまうこともあるかもしれません。

　しかし、施設ケアマネジャーだからこそできること、施設ケアマネジメントだからこそやらなければならないことがあります。まずは、その価値を確認し、一人の施設ケアマネジャーとして何ができるかを考えていきましょう。

1 施設ケアマネジャーは、ケアマネジメントを行う人

　施設には、介護職や相談員、ケアマネジャーなど多様な職種がいて、相互に連携・協働しながら業務をしています。そのなかで、役割が不明瞭になるような連携の慣習がある施設では、施設ケアマネジャーの役割が曖昧になるという声が聞こえてきます。

　そのような声に対する答えは簡単です。施設ケアマネジャーの役割は、「**ケアマネジメントを行う**」ことです。つまり、施設等の運営基準にあるケアマネジメントプロセスに従って、過不足なく支援を実施することが責任となります。

　運営基準では、管理者に対して、施設ケアプランの作成を計画担当介護支援専門員に行わせることが義務づけられています。しかし、実際、自分の施設では違う方法で実施しているという人もいると思います。だからこそ、まず、施設ケアマネジャーの役割は【ケアマネジメントを行うこと】だと認識し、現実とのギャップを理解することが大切です。

2 施設ケアマネジャーは、入居者や家族にとっての代弁者

入居者や家族にとっての施設ケアマネジャーの存在価値とは何でしょうか。それは、「入居者や家族のよき**理解者**であり、入居者本位のスタンスで施設に対して必要な**代弁機能を発揮**してくれること」です。

現実的に施設のなかで利用者に求められる役割を発揮していくことは難しい場面も多々あるかもしれませんが、期待されている役割をまず十分理解することが重要です。これまでも、これからも「話を聴く、想いを聴く、葛藤に耳を傾ける」というサポートに注力することが、自宅以外の住まいで暮らす入居者や家族の安心につながります。

3 施設ケアマネジャーは、施設の牽制力

施設においては、どうしても「施設運営中心の論理」がはたらきやすいように思います。例えば、「人が不足している」「時間がない」「介護職の負担が大きい」というような状況があったとき、施設ケアマネジャーが食事介助のサポートに入るということも少なくないと思います。「施設ケアマネジャーがやるべき業務ではない」と頭ではわかっていても、「施設運営中心の論理」が強くなることで断り切れない、また、やむを得ないこともあるでしょう。それでも、施設ケアマネジャーは、施設の状況に**迎合しない姿勢**が大切です。

4 施設ケアマネジメントは、自分にできることから改革

施設ケアマネジャーが行う施設ケアマネジメントでは、【自分ではどうにもできないこと】と【自分の努力で進化・変化できること】があるように感じます。自分ではどうにもできないこととして、施設ケアマネジメントに対する上司や他職種の理解不足、施設が今まで実施してきた慣習のようなものがあります。一方で、自分の努力で進化・変化できることとしては、**アセスメント力を高める**こと、**ケアプランをより具体的でわかりやすく立案する**ことなどが挙げられます。この両者を混同しないように、まずは自分ができることから取り組むことが大切です。

5　他職種連携・・・言うは易し行うは難し

　他職種連携をするためには、相手の仕事や考えを理解し、入居者の生活をよりよくするための話し合い（協議）に真正面から向き合い続けることが重要です。入居者への支援の質を高めるために専門職個々が能力を高めていくだけでなく、**チームとしての連動性**を意識することが求められます。これは、もちろん多くの人が理解し、そうありたいと思っていますが、実際はうまくいかないことも多いです。

　24時間365日の切れ目ない介護体制を提供している施設では、スタッフ1人の欠員や入居者の異変による救急搬送があるだけで1日の支援に大きな影響を与えます。そのため、予定されていたケアマネジメント業務が後回しになることもあります。ケアマネジメントプロセス（例：サービス担当者会議）が軽視されているわけではないですが、優先順位が低くなってしまう場合も少なくないようです。

　理想論を振りかざしても、施設で変化をもたらすには大変な時間と努力が必要になります。施設内（法人内）で強い立場（権限）があれば変化のために高い推進力を発揮できるかもしれませんが、仮にそうでないと自覚がある場合には、「自分ができることから地道に取り組む」という姿勢も正しい方法の一つだと思います。

6　学ぶ場所が少ない事実と学ばないことは違う

　施設ケアマネジャーの多くから「施設は学ぶ場が少ない」という言葉が聞かれます。確かに居宅ケアマネジャーの学習機会と比較すると大きな違いがあると思います。一方、ここ数年ケアプラン点検等で多くの施設ケアマネジャーに会うなかで、少し違う感想をもつこともあります。それは、「学ぶ人は学ぶが、学ばない人は学ばない」ということです。これは居宅ケアマネジャーにもいえることですが、結局は、個人の問題だということです。

　専門家としての学びを深め、質の高い支援ができると評価されるケアマネジャーは、運営基準等のルールについて理解し、適正かつ妥当な支援方法が確立されています。一方で、専門家としての学びが不十分なケアマネジャーは、学ばない自分のせいではなく、「学ぶ場が少ない」「そのような時間がない」「参加したくても参加させてくれない」など、

誰かのせいにしています。専門家の学びとは誰かが与えてくれることがメインでなく、**主体的に動いていく**ことが求められます。その認識と行動力の差が、ケアマネジャーとしての質の差として現れてきていることを実感しています。

7　ケアマネジメント業務ができないのは、施設ケアマネジャーだけの問題ではない

ケアマネジャーとほかの職種を兼務している施設ケアマネジャーと接すると、ほぼ100％の割合で、「ケアマネジメント業務ができない」「時間外でやっている」「勤務表では一応ケアマネジャーとしての勤務時間となっているが、実際には難しい」という声があります。

理想論からいえば、管理者は計画担当介護支援専門員にケアマネジメント業務をさせないことへの違反であり、また、勤務形態一覧表と実態が違うという違反になります。そのような「違反」だとわかりながらも、実態を変えることができない原因は、施設ケアマネジャー個人の問題ではなく、施設のルールや管理者の問題にあると考えます。

第2章

施設ケアプラン
のルールと
書き方のポイント

01 施設ケアプランで 押さえておくべきルール

　施設ケアプランの作成は、ケアマネジメントの一過程です。ケアマネジメントは、厚生労働省の定めた告示（「指定介護老人福祉施設の人員、設備及び運営に関する基準」等）や通知（「指定介護老人福祉施設の人員、設備及び運営に関する基準について」等）をふまえて行われます。

　そこで、施設ケアマネジャーとして理解しておくべき基本的な施設ケアプランにかかわるケアマネジメントのルールを確認します。ただし、ここで解説するものは必ずしも全国一律で行われるべきものではなく（いわゆるローカルルールを含みます）、それぞれの施設ケアマネジャー、保険者等が判断して、参照ください。

課題分析（アセスメント）に関するルール

☑ 課題分析表を使用する際には、厚生労働省が示す課題分析標準項目（23項目）を網羅している

　課題分析を行うための適切な手段として、厚生労働省が目安として定める**課題分析標準項目**（23項目）を網羅した課題分析表を使用する必要があります（23項目は15ページ参照）。とりわけ、施設独自の様式を使用している場合には確認が必要です。

　また、課題整理総括表を課題分析表として使用している場合も見受けられますが、課題整理総括表では23項目を網羅していませんので、適切な方法とはいえません。

☑ 課題分析は、施設ケアマネジャーが行う

　課題分析は、**計画担当介護支援専門員**（施設ケアマネジャー）が行う業務です。

生活相談（支援）員や介護職など、施設ケアマネジャー以外の職種に課題分析を委ね、施設ケアマネジャーはその結果だけを見ながらケアプランを立案することは適切とはいえません。ただし、施設ケアマネジャーが課題分析を行いつつ、他職種と協働することは差し支えありません。

☑ 課題分析は入居日までに行う

課題分析、施設サービス計画原案作成、サービス担当者会議、ケアプランの説明・同意・交付については、**入居日まで**に行う必要があります（更新の場合には、次の要介護認定有効期間が始まる日まで）。入居日以降に一連のケアマネジメントプロセスを実施しても、ケアプランに沿ったサービスが提供されないばかりか、利用者への説明・同意・交付という義務を怠っていることとなります。

☑ 課題分析は入居者および家族に直接面接して行う

課題分析は、入居者および家族に**面接**して行わなければなりません。家族への面接は、テレビ電話等の**通信機器等の活用**が認められていますが、入居者への面接は必須です。当然ながら、課題分析の面接は施設ケアマネジャーが行わなければなりません。

法令にもとづく課題分析に関する各施設の違い

施設種別	課題分析の内容・方法		
	解決すべき課題の把握	入所者および家族への面接	入所者および家族への面接の趣旨の説明
介護老人福祉施設・介護老人保健施設・介護医療院	○	○	○
認知症対応型共同生活介護	×（規定なし）	×	×
特定施設入居者生活介護	○	×	×

施設ケアプラン原案の作成に関するルール

☑ **具体的な意向を引き出す**

　特に第1表の「利用者及び家族の生活に対する意向」において、「入居者等から具体的な意向がない」「個別性がなく、同じような内容になってしまう（例：健康に生活したい）」ということが聞かれます。大切なことは、「意向を聴く」だけでなく、専門家として「意向を引き出す」ことです。したいこと、してみたいこと、していること、したくないこと等、生活を多角的な視点から見つめ、入居者のなかにある潜在的な意向（思い）を引き出します。

☑ **認知症等の場合でも、本人の意思を尊重できるよう努める**

　認知症や精神的な疾患がある入居者の場合であっても、本人の意志を確認することは大切です。つまり、「聴いても答えられない」「意味不明」という前提を施設ケアマネジャーがもつことは正しい判断とはいえません。同時に、意思疎通が困難とされる入居者であっても、その本人の状況を家族や専門職等が多角的な視点から検討し、本人の意志をくみ取る不断の努力が求められます。

☑ **目標の期間は、入居者の状態に応じて設定することが必要（目標期間は画一的に6か月、3か月と定めがあるわけではなく、長期目標期間3年、短期目標期間1.5年とすることも可能）。**

　目標の期間は、画一的な定めがあるわけではありませんので、基本的には、入居者の状況および目標内容により決定されます。入居者の状況と目標内容の見極めを誤ると「適切といえない」期間となる可能性があります（例：体調に不安があり、入退院を繰り返す入居者に対して、3年の長期目標期間、1.5年の短期目標期間では、期間設定の理由（根拠）がまったくわからない等）。

☑ 新規の施設ケアプラン作成においては、原則長期目標期間を12か月以内に設定する

> 施設では、**暫定ケアプラン**（という施設独自の呼び名）として、仮のケアプランを作成したうえで、入居日から2週間や1か月程度でケアプランを見直すという実態があると思います。しかし、まれに入居したばかりの入居者に対して、理由なく長期目標期間を3年（認定有効期間に合わせる）ということがあります。認定有効期間を考慮することは間違いではありませんが、入居者の状態を優先させた期間設定が必要です。特に新規の場合は、入居後の状態の変化等を見込むことが難しいため、「まずは12か月以内に設定し、確実にケアプランの見直しを行っていく」等の検討が必要ではないでしょうか。

☑ 短期目標の期間は、認定の有効期間を考慮し、第2表の「援助内容」の期間と同一期間とする

> 第2表の「サービス内容」は、**短期目標の実現**のために必要なサービスを明記する欄です。そして、第2表の「援助内容」の期間は、サービス内容に位置づけたサービスを実施する期間です。つまり、短期目標の期間とサービス内容の期間を同一にすることで、整合性を図れます。

🗨 サービス担当者会議等による専門的意見の聴取に関するルール

☑ サービス担当者会議には入居者および家族が参加できるよう配慮する

> ケアマネジメントやケアプラン、支援はすべて**入居者のため**であると考えたとき、主体である入居者がサービス担当者会議に参加することは必然ではないでしょうか。家族については、施設に入居したことで安心してしまい、協力体制を保ってもらえないという声も聞かれますが、できるだけ、早めに日時を設定する、テレビ電話での参加を提案するなどの工夫が求められます。

☑ 第1表の施設ケアプランの作成日と入居者等の同意日（標準様式にはありませんが、現場でよく使われている様式※にあります）は必ずしも同日でなくてもよい

　　本提案は、保険者により判断が分かれるので、最終的には保険者に確認してください。筆者としては、作成日はあくまでも作成した日であり、同意日とイコールである必要はないと考えます。その理由は、現実的に、その日にケアプランを作成して、その日に説明・同意・交付というプロセスを実施するケースは少ないからです。

　　例えば、実際には1月18日に作成し、説明・同意・交付は1月23日に行った場合、1月23日の同意日に作成日を合わせることは「事実と異なる日付」になるのではないかという考え方です。

※現場でよく使われている様式の例

施設サービス計画書について、介護支援専門員より説明を受け、同意し、施設サービス計画書を受領しました。	説明・同意・受領日	年　　月　　日
	入居者署名	
	（代筆）	

☑ 施設ケアプランの説明・同意・交付は、施設サービス開始前までに行う。

　　通知※には「遅滞なく」と記載されていますが、遅滞なくの意味は「できるだけ早めに」ではなく、「入居日までに」行うことが常識的な判断といえます。なぜなら、ケアプランに基づきサービスが提供されるという点に立てば、入居後に説明・同意・交付をしたのでは、ケアプランに基づいた支援になっておらず、不適切だからです。

　　万が一、入居者側の理由により間に合わない場合には、その理由を支援経過記録に詳細に記載するとともに、必要に応じて保険者に遅延する旨の報告と対応策について相談します。自分だけの判断でルール違反とならないよう注意が大事です。

※指定介護老人福祉施設の人員、設備及び運営に関する基準について
　介護老人保健施設の人員、施設及び設備並びに運営に関する基準について
　介護医療院の人員、施設及び設備並びに運営に関する基準について

☑ 交付した施設ケアプランは2年間保存する。

　運営基準※では、契約が終了（完結）した日から2年間の保存義務があります。施設ケアプランだけでなく、その他のケアマネジメント書類についても同様です。ただし、保険者によっては5年間の保存義務を課している場合もありますので、必ず確認をしてください。「**契約が終了した日から**」がキーワードであり、「**書類を作成した日から**」ではありませんので注意してください。

※指定介護老人福祉施設の人員、設備及び運営に関する基準
　介護老人保健施設の人員、施設及び設備並びに運営に関する基準
　介護医療院の人員、施設及び設備並びに運営に関する基準

実施状況等の把握および評価等（モニタリング）に関するルール

☑ チーム力（専門職が同一建物にいる利点）を活かす

　実施状況の把握およびモニタリングは、ほかの専門職と協働することで、より質の高い支援になり得ると考えます。ただし、あくまでも施設ケアマネジャー自身が実施することが前提であることに注意が必要です。
　モニタリングで実践すべきことは、①ケアプランに掲げたサポートが実行されているか（**実践度**）、②目標に対しての進捗状況（**達成度**）、③実践度と達成度から今後の方向性（**適正度**）、④新たな可能性や課題がないか（**継続的アセスメント**）です。

☑ 入居者の状況および目標の内容等を加味して、実施する

　運営基準では、モニタリング頻度は「**定期的**」とあり、居宅ケアマネジメントのように少なくとも1か月に1回以上という規定はありません。本来は、入居者個々の状況および目標内容に応じて、モニタリングの間隔についても判断すべきです。しかし、仮に100人の入居者を一人の施設ケアマネジャーが担当している場合、本当に個別の状況に応じたモニタリングができるのでしょうか。言うのは簡単ですが、実践するのは難しいのが現実でしょう。そのようななかで、入居者の状況およ

び目標を踏まえつつ、**自分なりの基準**（1か月、3か月、6か月）をもつことも一つの考え方といえます。

☑ 短期目標の終了月には、「評価」を行う。短期目標に対する達成状況、ニーズの変化、目標の見直しの必要性を評価する。また、ほかの専門職からも「短期目標に対する専門職としての評価」を得る

　短期目標の評価月には、目標ごとの評価が必要です。①目標に対する**現在の状況**、②現在の状況の**要因**（なぜ、そのような結果になったか）、③**今後の方向性**（継続・終了・変更等）について評価し、記録します。また、チームメンバー（ほかの専門職）からの評価を得ることも、より質の高い支援となるため、肝要です。

☑ 短期目標の評価結果を入居者および家族と共有する

　短期目標の評価をした場合、入居者および家族と**共有**することが、「入居者主体」の原則からして当然のことといえます。入居者や家族が当事者として評価結果をどのように考えているか、感じているかを聞き取り、次の支援に結びつけることが大切です。理想をいえば、入居者や家族とともに目標に対する結果を確認（評価）できるほうがよいでしょう。共有は、対面が望ましいですが、テレビ電話や書面等の方法も考えられます。

☑ 長期目標期間の終了月には、長期目標に対する評価を踏まえ、再度、必要に応じて課題分析を実施する

　長期目標期間の終了時には、長期目標に対する**評価**が必要です。①目標に対する現在の状況、②現在の状況の要因（なぜ、そのような結果になったか）、③今後の方向性（継続・終了・変更等）について、それぞれの長期目標ごとに評価します。その際、改めて課題分析が必要というルールはありませんが、新しい生活課題の有

無を確認します。

　ただし、最初だけ課題分析標準項目に沿ったアセスメントをし、その後はまったくアセスメントをせず、課題分析結果の内容が10年前のままという状況も散見されるため、そのあたりも踏まえた入居者の状況の把握と情報の更新が求められます。

参照：課題分析標準項目（23項目）

基本情報に関する項目

No.	標準項目名
1	基本情報（受付、利用者等基本情報）
2	生活状況
3	利用者の被保険者情報
4	現在利用しているサービスの状況
5	障害老人の日常生活自立度
6	認知症である老人の日常生活自立度
7	主訴
8	認定情報
9	課題分析（アセスメント）理由

課題分析（アセスメント）に関する項目

No.	標準項目名
10	健康状態
11	ADL
12	IADL
13	認知
14	コミュニケーション能力
15	社会との関わり
16	排尿・排便
17	じょく瘡・皮膚の問題
18	口腔衛生
19	食事摂取
20	問題行動
21	介護力
22	居住環境
23	特別な状況

02 施設ケアプランの書き方のポイント

1 | 第1表　施設サービス計画書（1）

　施設ケアプランの作成に関しては、平成11年に発出された「介護サービス計画書の様式及び課題分析標準項目の提示について」（平成11年11月12日老企発第29号）が土台となります。令和3年に発出された「『介護サービス計画書の様式及び課題分析標準項目の提示について』の一部改正等について」（令和3年3月31日老認発第6号）は、施設ケアプランには言及されていません。しかし、改正通知は、施設という住まいで暮らす入居者に対して共通して考えられる点が多く、参考にできる内容です。以下の書き方のポイントでは、改正通知を踏まえた内容も含みます。

❶ 施設サービス計画作成（変更）日

①施設サービス計画（以下、計画）を作成または変更した日を記載します。

②入居者等の同意日を作成日と同一で記載するという考え方の保険者もあります。現実的には、実際にケアプランを作成する日と同意を得る日が違う場合もあるため、無理に「同一」に合わせようとすると、事実と記載日が異なることになります。

❷ 初回施設サービス計画作成日

①当該施設で、入居者に関する計画を初めて作成した日を記載します。

②初めて作成した日付を記載することで、始期が明確になり、これまでの経過を踏まえた計画作成につながります。

❸ 初回・紹介・継続

①【初回】は、当該施設で計画を**初めて作成**する場合です。

②【紹介】は、**ほかの施設**または**居宅介護支援事業所**から紹介された場合です。なお、当該入居者がほかの介護保険施設または居宅介護支援事業所においてすでに居宅介護支援等サービスを受けていた場合です（新規で知人等からの紹介を受けた場合は当てはまりません）。

③【継続】は、当該入居者がすでに**当該施設で計画を作成している**場合です。

④当該施設において過去に計画を作成した経緯がある利用者が、一定期間を経過した後に居宅介護支援事業者等から紹介を受けた場合には、**「紹介」**および**「継続」の両方**を○印で囲みます。これらの意味を介護保険施設の他職種に対しても周知することで、計画に示された情報を有効に活用できます。

❹ 認定済・申請中

①「新規申請中」（前回「非該当」となり、再度申請している場合を含む）、「区分変更申請中」、「更新申請中であって前回の認定有効期間を超えている場合」は、「申請中」に○をつけます。

②それ以外の場合には「認定済」に○をつけます。

❺ 認定日

「要介護状態区分」が認定された日（認定の始期であり、初回申請者であれば申請日）を記載します。「申請中」の場合は、申請日を記載します。

❻ 認定の有効期間

①被保険者証に記載された「認定の有効期間」を転記します。

②更新申請中であって、前回の認定の有効期間を超えている場合には、本欄は空欄

のまま**暫定ケアプラン**を立案し、認定結果が決定した段階において、認定の有効期間を転記します。

❼ 利用者及び家族の生活に対する意向

 書き方のポイント

①入居者等が話した言葉（セリフ）を可能な限りそのまま具体的に表記します。

②本人の望むことばかりでなく、否定的な意向（○○はしたくない）も具体的に記載します。

③誰の意向であるかを続柄で記載します（例：長男、長女）。

④入居者が質問の意味を理解できないといったことにより、意向を語ることが困難な場合（例：認知症等による会話困難）には、「ご本人に尋ねましたが明確な回答を得ることができませんでした」という表記もあり得ます。

⑤利用者の意向に対して、利用者がもっている強みや可能性を考慮し、利用者の意向に照らし合わせた支援の方向性を「今後の方向性」という項目を設け、示します。

図　利用者及び家族の生活に対する意向の書き方

総合的な課題分析をする

利用者や家族の意向（生き方・夢・希望）を確認する
記載例：（本人）長男家族と一緒に海外旅行に行きたい。
　　　　（長男）母と一緒にもう一度海外旅行に行きたい。

課題分析の結果を利用者や家族の意向に照らし合わせる
・生活全般の解決すべき課題（ケアマネジャーが判断する課題）の自覚度合いを確認
・意向に対する本人の強みや生活環境を評価

支援の方向性を検討する
記載例：（今後の方向性）長男家族と一緒に海外旅行に行くために、
　　　　　　　　1人で歩ける距離を伸ばせるよう、歩行訓練に力を入れていきましょう。

※⑤は、改正通知によって居宅サービス計画書の第1表が「利用者及び家族の生活に対する意向を踏まえた課題分析の結果」に変更されたことを考慮し、掲載しています。施設サービス計画書は改正がありませんでしたが、本書では改正通知のなかでも参考にできる内容を掲載しています。

❽ 介護認定審査会の意見及びサービスの種類の指定

 書き方のポイント

①被保険者証を必ず確認し、認定審査会意見に記載がある場合には、意見に配慮してサービス等を提供するように努めなければなりません。「意見」の有無や内容を確かめ、明記がある場合には、転記します。

②「認定審査会意見」がない場合には、**「特になし」「意見等なし」**と記載します。

❾ 総合的な援助の方針

 書き方のポイント

①入居者にかかわるすべての支援スタッフが理解しておく必要がある**共通事項**として、観察・配慮・対応が必要なことを記載します。

②複数の解決すべき課題（ニーズ）がある場合に**「課題の中核」**がポイントになります。具体的には、すべてのニーズが「服薬を忘れることに起因している」とき、課題の中核は「服薬忘れ」であり、すべての支援スタッフに「服薬状況を確認する」という共通認識が必要になります。

③状況経過を記載する場合には、ケアプランの期間等も加味して記載します。
（例えば、長期目標を3年に設定したとき、ケアプラン作成時は最新情報であったとしても、3年のうちに情報も状況も非常に古い内容になってしまうこともあります）。

④あらかじめ発生する可能性が高い**緊急事態**が想定される場合には、**緊急連絡先**等の記載をします。

⑤緊急事態が想定される場合は、どのような状態が緊急事態であるか、また、その

場合の対応方法について記載します。

※「利用者及び家族の生活に対する意向（今後の方向性）」と「総合的な援助の方針」の関係性
「利用者及び家族の生活に対する意向（今後の方向性）」は課題分析の結果を利用者・家族の意向と照らし合わせた支援の方向性を記載します。一方、「総合的な援助の方針」にはケアマネジャーが総合的に課題分析をし、抽出した「生活全般の解決すべき課題（ニーズ）」に対応した、チームとして取り組む支援の方針を記載します。

2 ｜ 第2表　施設サービス計画書（2）

❶ 生活全般の解決すべき課題（ニーズ）

 書き方のポイント

①ニーズ（生活全般の解決すべき課題）の内容が明確にわかるような記載をします。具体的には、「右手にしびれがあるが、洗濯は自分で行いたい」など、下線にあるような**自立を阻害している要因**を記載します。

②「〇〇したい」「〇〇なりたい」という書き方は、ケアマネジャーが抽出したニーズを解決したいという利用者の意欲（望み）や自覚がある場合に記載します。

③入居者の意欲等が確認できない場合には「〇〇の状況にある」「〇〇が難しい状況」などの**現状を示す記載**をします。

④原則、1つのニーズごとに記載し、関連性の乏しい複数のニーズを同時に併記しないようにします（NG例：活動が活発になり、清潔が保たれる／服薬が確実にでき、明るく過ごすことができる等）。

⑤加算を算定している場合には、その加算に関するニーズを記載します。

（個別機能訓練加算を算定している例：歩行時ふらつくことがありますが、自室の掃除は自分で行いたい）

❷ 長期目標

 書き方のポイント

①具体的な状態像で記載します（**数値化**できる目標は数値化します）。

②**実現可能**な状態像を記載します。

③個々（入居者や家族、各専門職）のもつ価値観でとらえ方が変動するような用語の使用は避けます（例：安心・安全・健康）。

❸ 短期目標

 書き方のポイント

①具体的な状態像で記載します（**数値化**できる目標は数値化します）。

②**実現可能**な状態像を記載します。

③個々（入居者や家族、各専門職）のもつ価値観でとらえ方が変動するような用語の使用は避けます（例：安心・安全・健康）。

④長期目標を実現するための**段階的な目標**（具体的な状態像）を記載します。

❹ 長期目標及び短期目標に付する期間

 書き方のポイント

①入居者の状況と目標内容により**実現性**を加味した**無理のない期間設定**を検討・判断します。

②「○年○月○日～○年○月○日」とし、入居者等が明確に目標期間がわかるような表記とします。

❺ ニーズと長期目標・短期目標の整合性

 書き方のポイント

①入居者のもつニーズ（生活全般の解決すべき課題）を、いつまでにどのレベルまで解決するのか（長期目標）を判断することが重要です（期間設定もその内容に連動します）。

②ニーズを解決した状態（長期目標）は、ケアプラン作成時の「できていること」「継続できていること」を踏まえて、**実現可能な範囲**で検討・判断します。

③短期目標は、最終的な状態像（長期目標）に対して、段階的な到達点を設定します。長期目標を実現するためには、「いつまでに〇〇ができている（している）ことが必要」という判断をもとに具体的な状態像を設定します。

❻ サービス内容

 書き方のポイント

①サービス内容が複数になる場合には①、②と箇条書きにするなど見せ方の工夫をします。

②「下半身のリハビリテーション」「入浴時の洗身（前面部）」など具体的かつ簡潔に記載します。

③支援内容と**セルフケア**のそれぞれの違いがわかるよう表記を工夫します。

　衣類を脱ぎ、居室内の洗濯カゴに入れる（担当者欄に「**本人**」と記載）

　洗濯機を回す（担当者欄に「介護職」と記載）

　洗濯物干し（担当者欄に「本人と介護職」と記載）

　取り込みと小さな衣類たたみ（担当者欄に「本人」と記載）

　大きな衣類等のたたみと整理・収納（担当者欄に「介護職」と記載）

④加算を算定している場合は、**算定項目につながる支援内容**がわかるように適切・簡潔に記載します（栄養マネジメント強化加算を算定している例：食事量を確認

します。体重測定をします）。

❼ 担当者

 書き方のポイント

①入居者にわかりやすく記載します（略語は使いません）。

②家族等は、**続柄・間柄**で記載します。

③**インフォーマルサポート**を活用していれば積極的に位置づけます。インフォーマルサポートを位置づける場合には入居者やサポーター本人に事前に確認します。

④セルフケアは、「**本人**」と記載します。

❽ 頻度

 書き方のポイント

①**日・週・月**という単位で記載します。

②必要時・随時という書き方は基本的に使用せず、「**場面や状況**」を想定して記載します（例：本人が不安を口にしたとき・トイレ時）。

❾ 期間

 書き方のポイント

①**短期目標の期間**と連動する（同一になる）ようにします。

②期間は、**〇年〇月〇日～〇年〇月〇日**で表記します。

③**説明・同意・交付日以降**の期間設定にします。

3 ｜ 第3表　週間サービス計画表

❶ 週間サービス計画表

 書き方のポイント

①支援内容を**時間軸**に合わせ記載します（担当者名は不要です。その際に略語は使用しません）。

②介護保険サービス以外の**インフォーマルサポート**（家族・ボランティア等）も記載します。

③支援内容が枠内に入りきらない場合には、時間軸にとらわれずに記載し、時間を併記します（例：リハビリテーション　13:00 〜 14:00）。

❷ 主な日常生活上の活動

 書き方のポイント

①入居者の**1日の平均的な過ごし方**について記載します。

②**活動量**（例：昼寝　30分）についても記載します。

③**単語や短文で簡潔**に記載します。

④**夜間帯の活動**（例：トイレ）も記載します。

❸ 週単位以外のサービス

 書き方のポイント

①週単位以外の介護保険サービスや医療保険等の公的サービスを記載します。

②週単位以外の家族やボランティア等によるインフォーマルサポートを記載します。

4 | 第4表　日課計画表

❶ 日課計画表

書き方のポイント

①支援内容を**時間軸**に合わせて記載します（その際に略語は使用しません）。

②介護保険サービス以外の**インフォーマルサポート**（家族・ボランティア等）も記載します。

③支援内容が枠内に入りきらない場合には、時間軸にとらわれずに記載し、時間を併記します（例：リハビリテーション　13:00~14:00）。

❷ 共通サービス及び担当者

書き方のポイント

①すべての入居者に提供される**基本サービス**を記載します。

②時系列で、**1日のサービススケジュール**を網羅します。

③専門用語やわかりにくい単語を使用せず、入居者に理解しやすい表記にします。

❸ 個別サービス及び担当者

書き方のポイント

①共通サービスとは異なる、**入居者一人ひとりに対応したサービス**を記載します。

②第2表には明記していないが、**日常的に個別に行っているサービス**を記載します。

❹ 随時実施するサービス

書き方のポイント

①時間や場所が明確でない日常場面で生じる**入居者の異変等に対応したサービス**を記載します。

②担当者の欄は、想定される専門職等を**すべて**記載します。

❺ その他のサービス

書き方のポイント

①**週単位、月単位**などで**継続的**に行われているフォーマルサービス、インフォーマルサポートを書きます。

②内容と頻度を**具体的**に記載します。

※詳しい施設ケアプランの書き方については、「文例・事例でわかる施設ケアプランの書き方 —— 具体的な表現のヒント」2021年、中央法規出版をご参照ください。

疾患別事例

認知症

01 得意な調理の能力を活かし、役割をもって生活する

事例概要

氏　　　名	北海道　すゞ（女性）
年　　　齢	87歳
要介護度	要介護3
家族構成	夫（82歳）と二人暮らし。県内に長女家族が在住
経　　　過	自宅でピアノ教室を運営。6年前、もの忘れが目立ちはじめ、アルツハイマー型認知症と診断。病状の進行に伴い、夫の浮気や米が盗まれるといった妄想から、夫を責めるようになる。夫の精神的疲労感が顕著となり、87歳でグループホームへ入居。

認知症とは？

　認知症は、要介護認定の原因として多い疾患です。脳の病気や障害などの原因により、認知機能が低下し、日常生活全般に支障が出る状態をいいます。**アルツハイマー型認知症**は、認知症のなかで最も多く、脳神経が変性して脳の一部が萎縮する過程で起きます。

　認知症の症状は、「**中核症状**」と、「**認知症の行動・心理症状（BPSD：Behavioral and psychological symptoms of dementia）**」に大別できます。主な中核症状には、もの忘れ（**記憶障害**）、時間・場所がわからなくなる（**見当識障害**）、理解力・判断力が低下する、家事や趣味・身の回りのことができなくなることが挙げられます。

＼ 看護師からのアドバイス ／

生活史（価値観）に着目してBPSDの原因を分析し、その人の強みを活かした支援を検討しましょう。また、認知症の種類や時期（初期・中期・末期→予後・予測）を把握し、専門医の診察を受け、必要に応じて進行予防の薬なども活用していきましょう！

第3章　疾患別事例

28

アセスメントのポイント

☐ ここまでの経緯の確認

☐ 本人と家族・支援者の認識の理解／本人と家族・支援者の取り巻く環境の理解

☐ 本人の意思決定能力を尊重した意思決定支援／意思決定支援体制の整備

☐ 必要に応じた連携体制の構築

☐ 日常生活における本人の意向の尊重

☐ 体調管理や服薬管理の支援（具体的に誰が行っているのか）

☐ 本人の役割の維持・拡充に向けたもっている機能を発揮しやすい環境の整備

☐ 合併症や併発しやすい事故の予防

☐ 行動・心理症状の状況の背景要因の把握

☐ 家族支援に必要なサービスの調整支援　など

参照：日本総合研究所令和２年度厚生労働省老人保健事業推進費補助金（老人保健健康増進等事業）「適切なケアマネジメント手法の手引き」『認知症のある方のケア』p.31 をもとに作成

 ケアプランの書き方のポイント

　認知機能の低下により、できていたことができなくなる状況について、本人は喪失感や不安感をもっているかもしれません。本人の強みに着目した書き方をすることは、本人の自信を取り戻すことや、生きる原動力につながります。

　また、「認知症」「徘徊」「拒否」「訴え」等の言葉を使う際、それらを目にした本人や家族の心情を慮る必要があります。本人や家族に配慮した言葉を検討しましょう。

NG 文例
［第1表］利用者及び家族の生活に対する意向
● （本人）これからも今までどおりの暮らしがしたいです 　└ 抽象的
● （今後の方向性）できることを続けていきましょう 　└ できることが具体的に何を指すのかわからない

OK 文例
［第1表］利用者及び家族の生活に対する意向
● （本人）これからも、皆さんに喜んでもらえるように料理を続けていきたい
● （今後の方向性）料理のメニューや調理方法は、介護職員と必要な材料や工程を確認しながら進めていきましょう 　└ 意向を踏まえて、本人の強みを活かし、今後の方針を具体的に示している

第1表　施設サービス計画書（1）

利用者名　**北海道すゞ**　殿　　生年月日　昭和 11 年 2 月 22 日

施設サービス計画作成者氏名及び職種

施設サービス計画作成介護保険施設名及び所在地

施設サービス計画作成（変更）日　　令和 5 年 5 月 11 日

認定日　令和 5 年 4 月 24 日　　　　　　　　　　認定の有効期間

要介護状態区分	要介護 1 ・ 要介護 2
利用者及び家族の生活に対する意向	（本人）①庭で育てている果実を使った梅シロップや干し ②最近、忘れっぽくなっているが、料理は続けて ③今後も、家族や入居者の皆さんに喜んでもらえ （長女）母は、料理をたくさんつくり、皆さんに振る舞う あるようです。母が料理を通じて、自信を取り戻 （今後の方向性）「皆に料理を振る舞いたい」というご本人の想い 確認しながら進めていきましょう。また、その想 決めて、身体を動かしていきましょう。
介護認定審査会の意見及びサービスの種類の指定	記載なし。
総合的な援助の方針	季節の変わり目などは活動量と意欲（やる気）が減ってしま 支援チームは、生活のなかで本人が取り組める活動（役割）の 特に、生活に対する意欲（やる気）や歩行時の足の運びに注

初回　・　紹介　・　(継続)　　　　(認定済)・　申請中

住所　　○○県　○○市

青森トラコ　介護支援専門員

グループホームチュール　　○○県○○市

初回施設サービス計画作成日　　令和4年　3月　10日

令和5年　6月　1日　～　令和9年　5月　31日

・　(要介護3)　・　要介護4　・　要介護5

柿、畑の野菜を育て、料理に使いたい。　　　意向は具体的に
引き出す

いきたいので職員さんに手伝いをお願いしたい。

るように料理を続けていきたいが、時々やる気がなくなってしまう。

ことが好きです。しかし、徐々に料理の手順がわからなくなり、寂しい気持ちが

してもらいたいですし、また、母の手料理を食べられたら嬉しいです。

があります。料理メニューの検討や調理については、介護職員と必要な材料や手順を

いを継続していくために、「身体を動かす機会が減らない」よう、1日の活動量を

アセスメント結果と本人の
意向を照らし合わせ、
支援の方向性を示す

い、得意としていた調理からも離れてしまう状況があります。

量が減らないようサポートします。

意を払います。

第2表 施設サービス計画書（2）

利用者名　北海道すゞ　　　　殿

生活全般の解決すべき課題（ニーズ）	目　標			
	長期目標	（期間）	短期目標	（期間）
季節の変わり目になると、元気（やる気）がなくなり、活動量も減ってしまうが、料理をつくり続けられる体力を維持していきたい。 自立を阻害する要因と目指すべき状態像を記入	料理をつくることが継続できていること。	令和5年6月1日〜令和6年5月31日	調理をすること（野菜の皮むき・切る・具材を炒める）ができること。	令和5年6月1日〜令和5年11月30日
			①屋内を自力で移動していること。 ②屋外へ買い物に出かけられていること。	令和5年6月1日〜令和5年11月30日

※グループホーム（認知症対応型共同生活介護）は、第3表週間サービス計画表および第4表日課計画表の掲載は省略しています（指定地域密

Column 01

施設ケアプランにおける【ニーズ】

　施設ケアプランを見ていると、「行っているケア内容のすべてを記載しているケアプラン」や「誰にでも当てはまる表現のケアプラン」に出会うことがあります。ケアプランとはニーズにもとづいて作成することは皆さんもご存じのとおりです。そして、ニーズとは「解決すべき課題」という意味です。施設ケアプランに書くべきことを改めて「ニーズ」を中心に整理してみたいと思います。

❶ケアプランは、ニーズにもとづくため「しているケア内容のすべてを記載する」ことは必ずしも正しいとはいえません。介護が必要な状況であれば、専門職として「当たり前に行うケア内容（入浴介助や食事介助等）」があり、それはニーズから抽出したサポート内容と

第3章　疾患別事例

サービス内容が複数ある場合には、数字（①、②…）を用いてわかりやすく記載

援 助 内 容

サービス内容	担当者	頻度	期間
①本人と一緒に料理のメニューを考えます。 ②本人へ調理の手順を確認して、調理のサポート（食材の準備・固い食材を切る・味つけ等）をします。 ③食事の配膳をします。 ④メニューを考え、調理（野菜の皮むき・切る・具材を炒める等）をします。 ⑤キッチンの片づけ（食器洗い）をします。 ⑥テーブルを拭きます。 ⑦梅シロップ（5月）、干し柿（10月）をつくります。	①②⑦介護職員 ③〜⑥本人 ⑦本人・長女	①② １日１回（昼） ③〜⑥ １日１回（昼） ⑦5月・10月	令和5年 6月1日〜 令和5年 11月30日
①歩行時の見守りをします。 ②公園まで（300m程度）歩きます。 ③本人と一緒に自作の果実の観察と収穫をします。 ④屋内で食後の歩行練習をします（約200m×2往復）。 ⑤部屋で手指の体操をします。	①介護職員 ②③本人・長女・ 　散歩ボランティア ④本人 ⑤本人	①歩行時 ②③月2回 　第2・4（日） ④1日2回 　朝昼食後 ⑤1日3回 　朝昼夕食前	令和5年 6月1日〜 令和5年 11月30日

着型サービスの事業の人員、設備及び運営に関する基準第98条第3項参照）（以下、同）。

は意味が違うものとなります。

❷ニーズは、入居者ごとに異なると頭では理解していても、誰にでも当てはまる表現になってしまうことがあります。しかし、入居者が望む自立を阻害している要因を見出し、取り戻せる可能性のある状況や活かしきれていない潜在能力等を検討することで、具体的なニーズ設定ができます。例えば、近くのコンビニまで歩行したいと考える入居者に対して、「歩行のふらつき」を解決すべき課題に位置づけ、【リハビリテーションおよび自主トレーニングをすれば、ふらつかずに歩けるようになる】という見立てをします。すると、「歩行のふらつきがありますが、歩行のトレーニングをすることで、コンビニまでふらつかずに歩けるようになりたい」といったように具体的にニーズを示すことができます。

02 脳梗塞後遺症への日常生活訓練により、地域との交流再開を目指す

事例概要

氏　　名	沖縄　玄太（男性）
年　　齢	76歳
要介護度	要介護2
家族構成	妻と二人暮らし。長女は県外在住。
経　　過	60代より高血圧症で服薬治療を受けていた。囲碁クラブ参加中に脳梗塞で倒れ、入院。後遺症として右手足の麻痺と軽度の言語障害がある。退院後は、自宅復帰に向け、介護老人保健施設に入所となった。現在は車いす使用中だが、トイレへの移動等ができるよう訓練し、囲碁クラブなど地域活動に参加できることを目指す。

 脳卒中（脳血管疾患）とは？

　脳血管疾患とは、脳の動脈の障害により、脳が機能しなくなることで、全身に障害を与えるものです。**脳卒中**には、脳の血管が詰まる「**脳梗塞**」と、脳の血管が破れて起こる「**脳出血**」や「**くも膜下出血**」があります。脳血管疾患の原因の多くは**高血圧**ですが、その他に糖尿病や脂質異常などの生活習慣病もあります。脳血管疾患では、**麻痺**や**言語障害**、**認知機能の低下**などの後遺症が残る場合、日常生活に大きく支障をきたします。

＼ 看護師からのアドバイス ／

後遺症のある人のケアプランは、リハビリテーションや福祉用具の手配などに目が向きがちですが、後遺症の受容等の精神的な支援や社会参加の後援、脳卒中の原因となった生活習慣の改善を意識します。退所後の再発予防のケアも重要です。

アセスメントのポイント

□ **血圧や疾病の管理の支援**

　　—目標血圧と通常の血圧の状態／本人の麻痺の状況／生活習慣病への対応の状況等

□ **服薬管理の支援**

　　—薬の内容や服用状況／薬の管理状況／介護者のかかわりの状況等

□ **生活習慣の改善**

　　—1日に必要な水分量／食事から摂取している水分や栄養

□ **心身機能の回復・維持**

　　—リハビリテーションに対する本人・家族等の意欲／ADL・IADLの状態等

□ **心理的回復の支援**

　　—本人・家族の受容の程度／本人のうつ状態の発症の有無等

□ **活動と参加にかかわる能力の維持・改善**

　　—本人の障害／本人のコミュニケーション状況等

□ **リスク管理** —日常的な食事の摂取の状況／本人の麻痺の状況等

参照：日本総合研究所令和2年度厚生労働省老人保健事業推進費補助金（老人保健健康増進等事業）「適切なケアマネジメント手法の手引き」『脳血管疾患のある方のケアⅠ期』p.24をもとに作成

ケアプランの書き方のポイント

　施設入所から在宅復帰を目指す事例において、ADLの向上は欠かせません。本人や家族が取り組みたいと思うことを確認し、具体的に記載することが重要です。特に目標設定は、個々の価値観でとらえ方が変動しないように、明確で具体的な内容にします。

NG 文例
［第2表］長期目標
●麻痺を治して、自宅で安心して暮らせる　└ 読み手によってとらえ方が変わる表現
●もっと話せるようになる　└ 具体的な状態像がわかりにくい

OK 文例
［第2表］長期目標
●自室からトイレまで（約7m）、歩行器を使って歩くことができること
●相手に自分の気持ちや考えを口頭で伝えられるようになること　└ 目標達成後の状態像がイメージしやすい

第1表 施設サービス計画書（1）

利用者名　**沖縄玄太**　殿　　生年月日　昭和 21 年　12 月　17 日

施設サービス計画作成者氏名及び職種

施設サービス計画作成介護保険施設名及び所在地

施設サービス計画作成（変更）日　令和 5 年　10 月　30 日

認定日　令和 5 年　7 月　28 日　　　　　　　　認定の有効期間

要介護状態区分	要介護 1　・　要介護 2
利用者及び家族の生活に対する意向	（本人）家に帰って妻に迷惑をかけないよう、トイレは一たい。今は言葉も出にくいけれど、囲碁クラブで （妻）①家で一緒に暮らしていきたいので、トイレのこ②もともと活動的な人なので、地域行事に参加で③介護の不安もあるので、専門職の皆さんにその （今後の方向性）奥様との暮らしを継続していくためにお二人が大しかし、「頑張りすぎない・やりすぎない」こともその先に、今までの趣味（友人との囲碁）が取り
介護認定審査会の意見及びサービスの種類の指定	特になし。
総合的な援助の方針	令和 5 年 6 月に脳梗塞により入院し、右手足の麻痺と言葉がを継続していきます。チームは、第一に歩行能力を高めるた回復と自立を目指します。特に、自宅の間取りやトイレの配ならないよう必要な声かけと状況の確認をさせていただきま

> 介護保険被保険者証を確認して記載する

作成年月日　令和５年　10月　30日

初回　・　紹介　・　（継続）　　　　（認定済）・　申請中

住所　　〇〇県〇〇市

宮崎綾子　介護支援専門員

介護老人保健施設〇〇〇　　〇〇県〇〇市

初回施設サービス計画作成日　　令和５年　８月　１日

令和５年　８月　１日　〜　令和８年　７月　31日

・　　要介護３　　・　　要介護４　　・　　要介護５

人で行けるようになりたいです。可能ならば家のなかも一人で移動できるようになり
友人と過ごすことも楽しみなので、もう少しスムーズに会話できるようになりたい。
とは一人でできるようになってもらいたいです。
きる状態まで戻ってくれたら嬉しいです。付き添いやサポートはしたいと思います。
都度サポートをもらいながら自宅で暮らしていきたいです。
切にしている「トイレを自分でする」ためのトレーニングと環境整備を行います。
大切にして、少し時間をかけて一歩ずつ取り組んでいきます。
戻せることを目指していきましょう。

出にくい状況がありますが、「自宅で奥様と暮らすこと」を目標にリハビリテーション
めのリハビリテーションに取り組みます。そして、生活行為（トイレ移動と動作）の
置などに考慮した訓練を行います。ご本人の強い気持ちと意欲が「やりすぎ」と
す。声かけの際には、ご本人にも「声を出していただく」よう促します。

第2表 施設サービス計画書（2）

利用者名　沖縄玄太　　　　　殿

生活全般の解決すべき課題（ニーズ）	目標			
	長期目標	（期間）	短期目標	（期間）
右手足に麻痺があり、スムーズに歩くことができないが、杖を使って一人でトイレまで行き、用足しができるようになりたい。	杖と手すりを使用してトイレまで歩き、一人で用足しができていること。	令和5年11月1日〜令和6年10月31日	①歩行器を使用して、トイレまで歩くことができること（自室からトイレまで7m）。②便座への座りがふらつかずにできること。	令和5年11月1日〜令和6年4月30日
病気により、思うように会話ができなくなっているが、自分の気持ちや考えを伝えられるようになりたい。	自分の思いや考えを、他者へ伝えることができること。	令和5年11月1日〜令和6年10月31日	短い言葉や単語をスムーズに伝えることができること。	令和5年11月1日〜令和6年4月30日
病気が再発しないよう、血圧の管理や治療を継続する必要があります。	脳梗塞が再発せず、自宅での生活が継続できていること。	令和5年11月1日〜令和6年10月31日	血圧値が140／90mmHg未満であること。	令和5年11月1日〜令和6年4月30日

> ニーズと長期目標の連動性が Point！

援　助　内　容			
サービス内容	担当者	頻度	期間
①下半身のバランスを保つ訓練、立ち上がりの訓練。 ②歩行器での歩行訓練。 ③むくみ改善の運動・マッサージ。 ④足上げ訓練。	①～③ 理学療法士 ④本人	①～③ 週3回 （月・水・金） ④1日2回 （午前・午後）	令和5年 11月1日～ 令和6年 4月30日
①発声練習・嚥下訓練。 ②口腔体操。 ③本人が言葉を伝えようとしているときは、ゆっくり話を聞きます。 ④ほかの入居者と会話ができるよう配慮します。 ⑤自分の言葉でゆっくり伝えます。	①言語聴覚士 ②介護職員 ③介護職員 ④介護職員 ⑤本人	①週2回 （火・木） ②毎食前 ③会話時 ④会話時 ⑤会話時	令和5年 11月1日～ 令和6年 4月30日
①毎朝血圧を測定します。 ②管理ノートに血圧を記録します。 ③薬を手渡し、見守ります。 ④朝夕食後に服薬します。 ⑤塩分量1日6g未満での食事を提供します。 ⑥診察と薬の処方を行います。	①看護師 ②本人 ③看護師 ④本人 ⑤管理栄養士 ⑥医師	①毎日 （午前中） ②毎日 （午前中） ③朝夕食後 ④朝夕食後 ⑤毎食時 ⑥月2回	令和5年 11月1日～ 令和6年 4月30日

02

脳梗塞後遺症への日常生活訓練により、地域との交流再開を目指す

援助内容の期間は、
短期目標の期間と
連動している必要あり

第4表 日課計画表

利用者名　沖縄玄太　　　　　殿

		共通サービス	担当者	個別サービス
深　夜	4:00	定期見守り	介護職員	
早　朝	6:00			
		起床声かけ	介護職員	起床
午　前	8:00	朝食介助	介護職員	朝食前に口腔体操
		服薬介助	看護師	血圧測定、足上げ訓練
	10:00	体操	機能訓練指導員	機能訓練(月・水・金)
				言語訓練(火・木)
午　後	12:00	昼食介助	介護職員	昼食前に口腔体操
		服薬介助	看護師	
	14:00	レクリエーション	介護職員	レクリエーション
		入浴介助(火・金)・おやつ	介護職員	入浴介助(火・金)・おやつ
	16:00			足上げ訓練
夜　間	18:00	夕食介助	介護職員	夕食前に口腔体操
		服薬介助	看護師	
	20:00			
		就寝声かけ	介護職員	就寝
深　夜	22:00			
	24:00	定期見守り	介護職員	
	2:00	定期見守り	介護職員	
	4:00	定期見守り	介護職員	
随時実施する サービス		トイレ誘導、ほかの入居者と 会話ができるよう配慮する	介護職員	心配事がある場合は話を聞く
その他の サービス		診察・薬の処方(月2回　通院　妻付き添い)　理美容(2か月に1回)		
		囲碁クラブへの参加(第2・4木曜日)		

インフォーマル
サポートも記載

※「週間サービス計画表」との選定による使用可。
※入居者へのわかりやすさに配慮して、標準様式とは異なる表現にしています。

担当者	主な日常生活上の活動	共通サービスの例		
介護職員		食事介助		
		朝食		
		昼食		
介護職員	起床・身支度	夕食		
介護職員	朝食（朝食前に口腔体操）			
看護師、本人	リビングで過ごす	入浴介助（　曜日）		
理学療法士	歩行の訓練			
言語聴覚士	発声・嚥下の訓練	清拭介助		
介護職員	昼食（昼食前に口腔体操）			
	自室で横になる	洗面介助		
介護職員	レクリエーション参加			
介護職員	入浴（火・金）・おやつを食べる	口腔清掃介助		
本人	足上げ訓練			
		整容介助		
介護職員	夕食（夕食前に口腔体操）			
	服薬	更衣介助		
	就寝準備			
介護職員	就寝	トイレ介助※		
	※夜間2～3回はトイレに起きる			
		飲水のサポート※		
		体位変換		
生活相談員 ケアマネジャー				

03 痛みの緩和を図りながら、ADLの向上や歩行距離を伸ばすことを目指す

事例概要

氏　　　名	岩手　花子（女性）
年　　　齢	83歳
要介護度	要介護1
家族構成	夫と二人暮らし
経　　　過	左大腿骨頸部骨折にて手術入院。経過はよく、歩行器を利用した移動が可能となったが、病室や病棟内以外一人で移動したことがなく、このまま自宅復帰をするのは不安なことや、夫に負担をかけたくないという思いから有料老人ホームに入居。見守りのもとで一人で歩行でき、敷地内の庭の水やりができるようになることを目指す。

 大腿骨頸部骨折とは？

　大腿骨頸部骨折は、太ももの骨の股関節の部分が転倒などをきっかけに折れてしまうことです。大腿骨頸部が骨折している状態ではほとんどの人は立つことができません。また、大腿骨頸部骨折は損傷した箇所の血管が傷つきやすく、血管に栄養が届かず、時に骨が壊死してしまう大腿骨頭壊死などの合併症を起こしやすいといわれています。

　主に**骨接合術**と**人工骨頭置換術**の2種類の手術があり、術後は寝たきり予防が重要です。経過がよければ数日でリハビリテーションを始める病院もあります。

＼ 理学療法士からのアドバイス ／

人工骨頭置換術後は生活動作時の脱臼に注意が必要です。しゃがむ動作や正座する動作を避ける、健側に負荷をかけて階段を下りるなど、本人の状態に配慮した支援が求められます。再発リスクにも注意しましょう。

アセスメントのポイント

□**転倒予防**

　―過去の転倒歴／自宅内の動線・間取り／本人の身体能力・生活動作等

□**骨粗しょう症の予防**

　―薬の種類、服用状況／疾患に対する本人・家族等の理解度／日常的な運動の状況等

□**歩行の獲得**

　―活動制限に関する医師からの指示・指導の有無／本人の残存能力とリハビリテーションによる回復の予測／ADL・IADLに応じた機能訓練の実施状況等

□**生活機能の回復**

　―自宅内での本人の生活習慣／ADL・IADLの状態／日常的な食事の摂取の状況等

□**社会参加の回復**

　―本人の趣味・嗜好／疾患発症前の生活における外出の頻度・手段、目的、交流相手等

参照：日本総合研究所令和2年度厚生労働省老人保健事業推進費補助金（老人保健健康増進等事業）「適切なケアマネジメント手法の手引き」『大腿骨頸部骨折のある方のケアⅠ期』p.26をもとに作成

 ケアプランの書き方のポイント

　目標について、「転倒させない」「怪我をさせない」などの文言が入っているケアプランを見かけます。目標は支援者側のものではなく、入居者本人が自分自身の生活の目指す姿として設定するものです。専門的見地から判断したものであっても、主体は入居者自身であることを忘れてはなりません。また、目標はできるだけ数値化するなど具体的に示すことで、入居者・家族、他職種間で認識を一致させることができます。

NG 文例
［第2表］短期目標
●**見守りのもとで移動できること**
●**転倒させないようにすること** └ 支援者側の目標になっている

OK 文例
［第2表］短期目標
●**居室から食堂まで（約5m）を自力で移動できること** 　　数値化されており、具体的でわかりやすい
●**転倒することなく、手引き歩行で廊下を移動できること** └入居者主体の目標になっている

第1表　施設サービス計画書（1）

利用者名　　**岩手花子**　　殿　　生年月日　昭和 15 年　8 月　13 日

施設サービス計画作成者氏名及び職種

施設サービス計画作成介護保険施設名及び所在地

施設サービス計画作成（変更）日　　令和 5 年　11 月　1 日

認定日　　令和 5 年　8 月　1 日　　　　　　　　　　認定の有効期間

要介護状態区分	（要介護1） ・ 要介護2

利用者及び家族の生活に対する意向	（本人）①入院していたせいか動くとすぐに疲れる。特に
	②歩行器を使えば歩くことはできるようになった
	以前のようにとまでは言わないけれど、少し近所
	（夫）①我慢強い性格なので、頑張りすぎて、また、転
	②家庭菜園が趣味なので、また、一緒に家ででき
	（今後の方向性）体力低下や腰の痛みはありますが、少しずつ歩く
	歩きに自信と安定感がついてきましたら、以前の

介護認定審査会の意見及びサービスの種類の指定	特になし。

総合的な援助の方針	令和 5 年 7 月に自宅で転倒し、左大腿骨頸部骨折により手術
	利用しての移動が可能となっています。動作時の痛みや体力
	支援チームは、「運動（活動時）の様子の観察」や「術後の痛
	歩行時の姿勢や歩行状態、また、頑張りすぎについても確認

作成年月日　令和 5 年　11 月　1 日

初回 ・ 紹介 ・ 継続　　　　認定済 ・ 申請中

住所　　○○県 ○○市

宮城花子　介護支援専門員

介護付き有料老人ホーム花と森　○○県○○市

初回施設サービス計画作成日　　令和 5 年　11 月　1 日

令和 5 年　8 月　1 日 ～ 令和 6 年　7 月　31 日

・　要介護 3　・　要介護 4　・　要介護 5

動き出すときに腰のあたりに痛みがまだ少しある。

が、以前より長い距離を歩けなくなったと感じる。

に買い物に行ける程度までは自分で歩けるようになりたい。

んだりしないか心配。怪我のないよう生活のなかで見守ってほしい。

るようになればいいなと思っています。

距離を伸ばしながら、まず、施設内にある庭園まで歩行できることを目指します。

ようにコンビニまで買い物に出かけられるよう挑戦していきましょう。

し、入院していました。病院内でのリハビリテーションを経て歩行器を

低下の改善を図りながら、自身で移動できる距離を伸ばすことを望まれています。

みを緩和しながら過ごせること」を中心に歩行時の付き添い、

させていただきます。

チーム方針は、
より具体的かつ最重要な
共有事項を記載する

45

第2表 施設サービス計画書（2）

利用者名　**岩手花子**　　　　殿

生活全般の解決すべき課題（ニーズ）	目　標			
	長期目標	（期間）	短期目標	（期間）
手術後で少し歩くと疲れてしまうが、歩行訓練を行うことで、近所まで買い物に行けるようになりたい。	コンビニ（約200m）に買い物に行けること。	令和5年11月1日〜令和6年7月31日	2階の自室から1階の食堂まで一人で移動できること。	令和5年11月1日〜令和6年1月31日
腰部に痛みがあり今後の不安が強いが、医療的サポートを受けることで、身のまわりのことを自分で行いたい。	（腰痛のコントロールをしながら）身のまわりのことが自分でできていること。	令和5年11月1日〜令和6年7月31日	（痛みがある場合でも）着替えと整容等が自分でできていること。	令和5年11月1日〜令和6年1月31日

> 目標の期間は本人の状態と
> 要介護認定の有効期間を意識する

援　助　内　容			
サービス内容	担当者	頻度	期間
①歩行訓練。 ②歩くときの姿勢や生活動作のアドバイスをします。	①②理学療法士 （○○訪問リハビリテーション）	①②週3回 （水・金・日）	令和5年 11月1日〜 令和6年 1月31日
③下半身の状態を診察し、歩き方のアドバイスなどをします。	③医師 （○○整形外科）	③月1回	
④歩行時の姿勢の確認と移動時の見守りを行います。すり足や歩行器での前滑りに注意しながら歩行できるよう声かけをします。	④介護職員	④歩行時	
⑤介護職員と一緒に2階の自室から食堂までの往復を歩行練習します。	⑤本人	⑤食事時	
①痛みの状況確認と服薬処方します。また、痛みのある場合での生活の工夫等の助言を行います。	①医師 （○○クリニック）訪問診療 居宅療養管理指導	①月2回	令和5年 11月1日〜 令和6年 1月31日
②処方薬の効果や服薬方法の説明、生活上の助言をします。	②薬剤師 （○○薬局） 在宅患者訪問薬剤管理指導 居宅療養管理指導	②月2回	
③服薬方法にもとづいた服薬管理、服薬介助をします。	③看護師・介護職員	③1日2回 （朝食後・夕食後）	
④日々の状態（血圧、脈拍、体温、酸素飽和度）を把握し、体調の変化を確認します。	④看護師	④毎朝	
⑤着替え、洗顔、ヘアセットをします。	⑤本人	⑤毎朝	

03

痛みの緩和を図りながら、ADLの向上や歩行距離を伸ばすことを目指す

第3表　週間サービス計画表

利用者名　岩手花子　　　殿

		月	火	水	木
深夜	4:00	定期的な見守り	定期的な見守り	定期的な見守り	定期的な見守り
早朝	6:00	起床の声かけ	起床の声かけ	起床の声かけ	起床の声かけ
		血圧、脈拍等測定	血圧、脈拍等測定	血圧、脈拍等測定	血圧、脈拍等測定
	8:00	朝食・服薬介助	朝食・服薬介助	朝食・服薬介助	朝食・服薬介助
午前	10:00	お茶の提供	お茶の提供	お茶の提供	お茶の提供
		入浴介助		訪問リハビリテーション	入浴介助
	12:00	昼食介助	昼食介助	昼食介助	昼食介助
午後	14:00				
	16:00	おやつ提供	おやつ提供	おやつ提供	おやつ提供
	18:00	夕食・服薬介助	夕食・服薬介助	夕食・服薬介助	夕食・服薬介助
夜間	20:00				
	22:00	就寝声かけ	就寝声かけ	就寝声かけ	就寝声かけ
		定期的な見守り	定期的な見守り	定期的な見守り	定期的な見守り
深夜	24:00	定期的な見守り	定期的な見守り	定期的な見守り	定期的な見守り
	2:00	定期的な見守り	定期的な見守り	定期的な見守り	定期的な見守り
	4:00				

週単位以外のサービス	訪問診療・居宅療養管理指導（○○クリニック　月2回　医師）　在宅患者訪問薬剤管
	訪問理美容（希望時）　通院（○○整形外科　月1回）

※「日課計画表」との選定による使用可。

金	土	日	主な日常生活の活動
定期的な見守り	定期的な見守り	定期的な見守り	※毎食時、食堂までの移動を介護職員が見守り、歩行器で歩行練習します
起床の声かけ	起床の声かけ	起床の声かけ	起床、着替え
血圧、脈拍等測定	血圧、脈拍等測定	血圧、脈拍等測定	洗顔、ヘアセット
朝食・服薬介助	朝食・服薬介助	朝食・服薬介助	朝食
			テレビ体操
お茶の提供	お茶の提供	お茶の提供	ほかの入居者とお茶を飲む
訪問リハビリテーション		訪問リハビリテーション	入浴(月・木)、訪問リハビリテーション(水・金・日)
昼食介助	昼食介助	昼食介助	昼食
	家族面会		(食後は自室で横になる)
			レクリエーション参加
おやつ提供	おやつ提供	おやつ提供	おやつ
			廊下を歩行
夕食・服薬介助	夕食・服薬介助	夕食・服薬介助	夕食
			(自室で過ごす)
			就寝準備・着替え
就寝声かけ	就寝声かけ	就寝声かけ	就寝
定期的な見守り	定期的な見守り	定期的な見守り	
定期的な見守り	定期的な見守り	定期的な見守り	
定期的な見守り	定期的な見守り	定期的な見守り	

入居者の平均的な1日の暮らし方を記載する

理指導・居宅療養管理指導(○○薬局　月2回)

49

04

膝の痛み・体重増加による
ADLの低下の改善を目指す

事例概要

氏　　名	福岡　峰子（女性）
年　　齢	81歳
要介護度	要介護3
家族構成	夫と二人暮らし。同じ敷地内に長男家族が住んでいる。子どもは3人（長男・次男（他市在住）・長女（市内在住））。
経　　過	70歳頃より両膝に痛みがあり、変形性膝関節症の診断を受ける。家事や趣味活動も積極的に行っていたが、1年程前より膝の痛みが強くなり、歩行が困難となる。夫も軽度の認知症があり、自宅での介護が困難となり、特別養護老人ホームに入所。

変形性膝関節症とは？

　変形性膝関節症は、体重や加齢などの影響から膝の軟骨がすり減り、膝に強い痛みを生じる病気です。

　膝は体重負担が大きくかかる部位であり、変形性膝関節症の発症を防ぐためには**体重を増やしすぎないようにコントロール**することが重要です。さらに、**膝周囲の筋力をしっかりと保持**することも、膝への負担を軽減させるためには有効です。

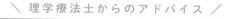

＼ 理学療法士からのアドバイス ／

膝の屈伸を伴う動きが少なくなるように動作方法の指導やいすの高さ調整、歩行器の使用などの環境設定が必要です。また体重コントロールについても、食事管理とともに、痛みに気をつけながら運動量を確保しましょう！

アセスメントのポイント

□痛みの程度に合わせた支援の検討

  ―自立支援に向けた過剰な支援の抑制

□体重のコントロール

□最終的なゴールの定め方

  ―在宅復帰の可能性

ケアプランの書き方のポイント

　施設入所により、日常生活全般の支援を受けることが当たり前になってしまいがちですが、本人ができること、行いたいことは何かを確認します。同時に専門職としてのアセスメント結果を踏まえ、改善できること、維持できることを見極め、今後の方向性を検討します。

NG 文例	**OK** 文例
[第1表] 利用者及び家族の生活に対する意向	[第1表] 利用者及び家族の生活に対する意向
● （本人）膝が痛くて何もできない。<u>助けてもらえるとありがたいです。</u> 　　　　└─ 何を助ければよいのかわからない ● （長男）動けなくなってしまい<u>困っています。家では介護できないので、お任せします。</u> どのような点で困っているのかがわからない	● （本人）膝が痛いけど、<u>トイレまでは一人で行けるようになって、家に帰りたい。かかりつけ医からも体重を減らすように言われているので、あと5kgは減らしたい。</u> 　　　　　本人が生活のなかで目指したいことが明確にわかる ● （長男）母は我慢強い人なので、自分から「痛い」と言うことはないと思います。<u>無理をしていないか注意してほしい。トイレのことが一人でできるようになれば、家でも介護できると思うので、トイレに行けるように支援してほしい。</u> 　　　　└─ 長男の支援に対する希望が明確にわかる

04

膝の痛み・体重増加によるADLの低下の改善を目指す

51

第1表 施設サービス計画書（1）

利用者名　**福岡峰子**　殿　　生年月日　昭和 17 年 3 月 1 日

施設サービス計画作成者氏名及び職種

施設サービス計画作成介護保険施設名及び所在地

施設サービス計画作成（変更）日　令和 5 年 10 月 25 日

認定日　令和 5 年 4 月 20 日　　　　　　　　認定の有効期間

要介護状態区分	要介護 1 ・ 要介護 2

利用者及び家族の生活に対する意向	（本人）	①膝が痛くて、歩けなくなってしまったが、トイ
		②先生（医師）から体重を減らすよう言われてい
	（長男）	①母は我慢強い人なので、自分から「痛い」と言
		②トイレのことが一人でできれば、また家で生活
	（今後の方向性）	自宅での生活を送りたいというご本人と長男様の
		そのため、歩くトレーニングをしつつ、ご本人も
介護認定審査会の意見及びサービスの種類の指定	特に意見なし。	
総合的な援助の方針	変形性膝関節症のために、歩行時や立位時に膝に痛みがあり	
	61kg・BMI 25）です。支援チームは、歩行時等の痛みの程	
	また、週1回の体重測定を行い、食事状況および体重を確認	
	確認していきます。	

> 本人等の理解が得られ、数値化することでわかりやすい場合は数値化する

第 3 章　疾患別事例

初回 ・　紹介　・　継続　　　　　　認定済 ・　申請中

住所　　○○県 ○○市

熊本真由美　介護支援専門員

特別養護老人ホームなごみ　　○○県○○市

初回施設サービス計画作成日　　令和5年　10月　25日

令和5年　5月　1日 ～ 令和6年　4月　30日

・　要介護3　　・　　要介護4　　・　　要介護5

しまでは歩いて行けるようになって、家に帰りたい。

るので、今（61kg）より5kgは体重を減らしたい。

うことはないと思います。無理をしていないかを注意して気にかけてほしい。

できると思うので、トイレに行けるように支援してほしい。

想いに向けて、トイレでの用足しができるよう目指していきましょう。

自覚している体重を落として、さらに動きやすい身体づくりをしていきましょう。

ます。また、ご本人も自覚していますが、体重が増加傾向（令和5年10月25日

度を確認し、不意のふらつきに備え、常に見守りをします。

します。ご本人の「頑張りすぎ（痛みを我慢して歩くなど）」についても

04
膝の痛み・体重増加によるADLの低下の改善を目指す

第2表 施設サービス計画書（2）

利用者名 　福岡峰子　　　　　　　殿

生活全般の解決すべき課題 （ニーズ）	目標			
	長期目標	（期間）	短期目標	（期間）
変形性膝関節症のため、歩行時・立位時に痛みがあるが、トイレまで歩いて行きたい。	自室からトイレまで歩いて行けること（約12m）。	令和5年11月1日〜令和6年4月30日	食堂まで歩いて移動できていること（約8m）。	令和5年11月1日〜令和6年1月30日
体重が増えてしまったが医師からも体重を減らすように言われているので5kgは減らしたい（令和5年10月25日現在61Kg）。	体重が5kg減ること（56kg、BMI23）。	令和5年11月1日〜令和6年4月30日	体重が2kg減ること（59kg、BMI24）。	令和5年11月1日〜令和6年1月30日

本人等の理解が得られ、数値化することでわかりやすい場合は数値化する

BMI（Body Mass Index）は利用者の理解度を考慮し、記載するか判断する

第3章　疾患別事例

援　助　内　容			
サービス内容	担当者	頻度	期間
①移動時は、不意の状況に備え、すぐに支援ができるよう見守りをします。 ②歩行訓練・体幹強化訓練。 ③手すりにつかまり、移動します。 ④ベッドから居室入口まで3往復します（約2m）。 ⑤痛みが強いときは職員に伝え、無理はしません。	①介護職員 ②理学療法士 ③④⑤本人	①移動時 ②週2回 （火・金） ③④⑤ 移動時	令和5年 11月1日〜 令和6年 1月30日
①週1回体重測定をします。 ②1日1600kcal程度の食事量に調整します。 ③おやつはカロリーに配慮したものを提供します。 ④よく噛んでゆっくり食べることを意識します。 ⑤体操に参加します。	①看護師 ②栄養士・ 　介護職員 ③栄養士 ④本人 ⑤本人	①週1回（水） ②食事時 ③おやつ時 ④食事時 ⑤朝食後	令和5年 11月1日〜 令和6年 1月30日

04　膝の痛み・体重増加によるADLの低下の改善を目指す

第4表　日課計画表

利用者名　**福岡峰子**　殿

		共通サービス	担当者	個別サービス
深　夜	4:00	睡眠状況の確認	介護職員	
早　朝	6:00	起床声かけ	介護職員	
午　前	8:00	朝食介助	介護職員	食事量の調整
		服薬介助	看護師	薬を手渡す
	10:00	体操声かけ	介護職員	機能訓練(火・金)
午　後	12:00	昼食介助	介護職員	食事量の調整
		服薬介助	看護師	薬を手渡す
	14:00	レクリエーション	介護職員	
		入浴介助(火・金)	介護職員	
	16:00			カロリーに配慮したおやつの提供
夜　間	18:00	夕食介助	介護職員	食事量の調整
		服薬介助	看護師	薬を手渡す
	20:00			
深　夜	22:00	就寝声かけ	介護職員	
	24:00	睡眠状況の確認	介護職員	
	2:00	睡眠状況の確認	介護職員	
	4:00			
随時実施する サービス		移動時の見守り	介護職員	

> 入居者個別の
> サポート内容を
> 記載する

その他の サービス	通院(○○整形外科　月1回(長男同行))
	体重測定(週1回　水)

※「週間サービス計画表」との選定による使用可。　※入居者へのわかりやすさに配慮して、標準様式とは異なる表現にしています。

作成年月日　令和5年　10月　25日

担当者	主な日常生活上の活動	共通サービスの例
		食事介助
		朝食
	起床・身支度	昼食
		夕食
栄養士・介護職員	朝食・服薬	
看護師	リビングにて過ごす	入浴介助（　曜日）
理学療法士	体操・歩行訓練・体幹強化訓練	
		清拭介助
栄養士・介護職員	昼食・服薬	
看護師	自室にて横になる	洗面介助
	レクリエーションに参加する	
	歩行訓練	口腔清掃介助
栄養士	おやつ	
	自室にてテレビを見る	整容介助
栄養士・介護職員	夕食・服薬	
看護師		更衣介助
	就寝準備	トイレ介助※
	就寝	
		飲水のサポート※
	夜間トイレ1〜2回	
		体位変換

05

血圧をコントロールし、心筋梗塞の再発を予防する

事例概要

氏　　名	秋田　勝治（男性）
年　　齢	84歳
要介護度	要介護2
家族構成	一人暮らし。長男家族は近隣の市で生活。妻は4年前に他界。
経　　過	心筋梗塞で一度入院し、血圧が高めであることがわかり、降圧剤を服用しながら生活していた。一人暮らしで薬の飲み忘れがあること、食事も偏食傾向であることが原因で血圧等のコントロールが難しく、心筋梗塞を再発し、再度入院。歩行状態の低下もみられ、有料老人ホームに入居することとなった。

心筋梗塞とは？

　心筋梗塞は、心臓を動かす心筋に血液が届かなくなり、心筋が酸素不足の状態に陥る病気です。心筋梗塞の原因の多くは**動脈硬化**で、動脈硬化は、**高血圧**や**脂質異常症**などの生活習慣病によって引き起こされます。

　心筋梗塞によって、広範囲の心筋に酸素不足が生じると死に至る場合もあります。また、知らず知らずのうちに血管がつまる場合や急に襲ってくる**急性心筋梗塞**など、症状もさまざまで、日々の状態観察によって小さな変化を見逃さないことが重要です。

＼ 看護師からのアドバイス ／

心筋梗塞を繰り返している状況から、今後心不全を起こさないように再発作の予防が必要です。服薬、塩分や水分の管理、睡眠、精神的な安定（興奮やいきむ動作をしない等）、生活環境（室温等）の調整など、生活全般に注意しましょう！

アセスメントのポイント

□ **疾患の理解と確実な服薬**

　—疾患に関する本人・家族等の理解度／今後の治療に関する本人・家族等の意向／処方薬の有無や種類、服用状況／薬の管理状況／かかりつけ薬局・薬剤師の状況／かかりつけ医・主治医・かかりつけの医療機関の状況等

□ **自己管理能力の向上とリスクの管理**

　—日常的な体重管理の状況および支援の体制／水分量・塩分量に関する医師からの指示・指導の有無、指導の内容／本人の食事内容／家庭血圧の計測状況等

□ **療養を続けるための環境・体制の整備**

　—環境改善に関する本人・家族等の意向／自宅内での本人の生活習慣等

□ **心疾患の状況に応じた生活・暮らし方の支援**

　—望む生活・暮らしにおいて本人が希望する活動／日常的な活動・運動の状況／医師からの指示・指導の有無、指導の内容等

□ **心理的な支援**

　—本人の抑うつや不安の程度／本人の日常生活リズムの変化等

参照：日本総合研究所令和2年度厚生労働省老人保健事業推進費補助金（老人保健健康増進等事業）「適切なケアマネジメント手法の手引き」『心疾患のある方のケアⅠ期』p.28をもとに作成

 ケアプランの書き方のポイント

　アセスメント結果に基づき、ニーズを抽出する際には、疾患の特徴に留意した検討が必要です。

　心筋梗塞の事例では、日々の体調や生活習慣を意識した視点が重要です。

NG 文例	OK 文例
［第2表］生活全般の解決すべき課題（ニーズ）	［第2表］生活全般の解決すべき課題（ニーズ）
●**体調を維持していきたい** └ どの疾患にも当てはまる表現	●**栄養が偏ることで血圧が高くなり、心筋梗塞を起こす心配があります。** └ 疾患の特徴をとらえた自立の阻害要因が明確にわかる

第1表　施設サービス計画書（1）

利用者名　**秋田勝治**　殿　　生年月日　昭和13年 2月 8日

施設サービス計画作成者氏名及び職種

施設サービス計画作成介護保険施設名及び所在地

施設サービス計画作成（変更）日　令和5年 1月 15日

認定日　令和4年 8月 11日　　　　　認定の有効期間

要介護状態区分	したくないこと、なりたくない状況も大切な意向としてとらえる	要介護1 ・ 要介護2

利用者及び家族の生活に対する意向	（本人）　もう入院はしたくない。自宅に帰りたい気持ちも 　　　入居している人とも仲良くなりたい。また、入院 （長男）　父は自宅で生活したいと思いますが、2回ほど心 　　　通院は私が責任をもって対応し、数か月に1回は （今後の方向性）心筋梗塞を再発しないよう服薬を確実に行いまし 　　　なっていますので、歩行練習を行うことで、屋内
介護認定審査会の意見及びサービスの種類の指定	特になし。
総合的な援助の方針	ご本人は、心筋梗塞で入院し、令和5年1月15日に退院さ 2回目になります。自宅では、服薬や血圧のコントロールが チームの方針は、第一に、①服薬が確実にできること、②食事 支援させていただきます。胸の痛みが強い場合には、救急車

初回　・　紹介　・　継続　　　　　認定済・　申請中

住所　　○○県○○市

茨城日向子　介護支援専門員

介護付き有料老人ホームさくら　　○○県○○市

初回施設サービス計画作成日　　令和 5 年　 1 月　 15 日

令和 4 年　 9 月　 1 日　～　令和 5 年　 8 月　 31 日

・　　要介護 3　　・　　要介護 4　　・　　要介護 5

あるけれど、今の状況では、施設で暮らすしかないと思う。

する前みたいに、杖でもよいから一人で歩けるようになりたい。

臓の病気で入院しているので、自宅での暮らしは心配です。

外食に行きたいと思います。

よう。同時に、入院等により歩くことに自信がもてなく

・屋外も自由に移動できることを目指していきます。

れました。令和 3 年 4 月に心筋梗塞を起こし、今回（令和 5 年 1 月）が

難しいこと、また、歩行が不安定なことから、当施設に入所されることとなりました。

内容に留意することとします。その結果、医療機関へ入院しない生活が送れるよう

を呼びます。　【緊急連絡先】大山太郎（ご長男）TEL:000-0000-0000

第2表 施設サービス計画書（2）

利用者名 秋田勝治 殿

生活全般の解決すべき課題 （ニーズ）	目標			
	長期目標	（期間）	短期目標	（期間）
決められたとおりに服薬できないときがあり、心筋梗塞が再発したが、服薬することで入院せずに病状を保ちたい。	確実に服薬し、心筋梗塞が再発しないこと。	令和5年1月15日〜令和5年8月31日	確実に服薬できていること。	令和5年1月15日〜令和5年4月30日
栄養が偏ることで血圧が高くなり、心筋梗塞を起こす心配があります。	血圧値130／80mmHg以下を維持し、心筋梗塞が再発しないこと。	令和5年1月15日〜令和5年8月31日	血圧値が130／80mmHg以下であること。	令和5年1月15日〜令和5年4月30日
入院していたこともあり、歩行時にふらつきがあるが、自分で屋内外を歩けるようになりたい（令和5年1月現在屋内見守り歩行）。	施設の近くのコンビニまで杖で歩いて行けること（片道約100m）。	令和5年1月15日〜令和5年8月31日	居室から食堂まで一人で歩けること（往復約50m）。	令和5年1月15日〜令和5年4月30日

> 長期目標を達成するための段階的な到達点を記載

作成年月日　令和5年　1月　15日

援 助 内 容			
サービス内容	担当者	頻度	期間
①診察。 ②服薬の声かけ・確認をします。 ③服薬チェック表に記入します。	①医師 ②介護職員 ③本人	①月1回 ②毎食後 ③毎食後	令和5年 1月15日〜 令和5年 4月30日
①診察。 ②血圧・脈拍・体温の測定 をします。 ③塩分等に留意した食事を提供します。 ④体重を測定します。 ⑤通院の付き添いをします。血圧等体調の記録を先生に提示します。診察の結果を施設職員に報告します。	①医師 ②看護師 ③栄養士・ 　調理職員 ④介護職員 ⑤長男	①月1回 ②毎朝 ③毎食時 ④2週間に1回 ⑤月1回	令和5年 1月15日〜 令和5年 4月30日
①居室から食堂まで歩行状態を確認しながら付き添いをします。 ②足上げ運動をします（右・左、各30回ずつ）。	①介護職員 ②本人	①毎食前後 ②1日3回 　お茶後 　おやつ後 　夕食後	令和5年 1月15日〜 令和5年 4月30日

本人がしていることは
セルフケアとして記載

第3表 週間サービス計画表

利用者名　秋田勝治　　　　殿

		月	火	水	木
深夜	4:00	巡回	巡回	巡回	巡回
早朝	6:00	起床・着替え・整容の声かけ	起床・着替え・整容の声かけ	起床・着替え・整容の声かけ	起床・着替え・整容の声かけ
		朝食・服薬・歯磨き介助	朝食・服薬・歯磨き介助	朝食・服薬・歯磨き介助	朝食・服薬・歯磨き介助
午前	8:00	血圧・脈拍・体温の測定	血圧・脈拍・体温の測定	血圧・脈拍・体温の測定	血圧・脈拍・体温の測定
		お茶の提供	お茶の提供	お茶の提供	お茶の提供
	10:00	足上げ運動の声かけ	足上げ運動の声かけ	足上げ運動の声かけ	足上げ運動の声かけ
			居室清掃		
午後	12:00	昼食・服薬・歯磨き介助	昼食・服薬・歯磨き介助	昼食・服薬・歯磨き介助	昼食・服薬・歯磨き介助
	14:00				
	16:00	おやつ提供	おやつ提供	おやつ提供	おやつ提供
		足上げ運動の声かけ	足上げ運動の声かけ	足上げ運動の声かけ	足上げ運動の声かけ
夜間	18:00	夕食・服薬・歯磨き介助	夕食・服薬・歯磨き介助	夕食・服薬・歯磨き介助	夕食・服薬・歯磨き介助
		足上げ運動の声かけ	足上げ運動の声かけ	足上げ運動の声かけ	足上げ運動の声かけ
	20:00				
	22:00	着替え・就寝声かけ	着替え・就寝声かけ	着替え・就寝声かけ	着替え・就寝声かけ
深夜		巡回	巡回	巡回	巡回
	24:00	巡回	巡回	巡回	巡回
	2:00	巡回	巡回	巡回	巡回
	4:00				

週単位以外のサービス	体重測定(介護職員　2週間に1回)　　○○病院・循環器内科通院(長男付き添い　月1回)
	居室の換気(随時)　　外食(長男付き添い　2～3か月に1回)

※「日課計画表」との選定による使用可。

インフォーマルサポートも記載

金	土	日	主な日常生活の活動
巡回	巡回	巡回	
起床・着替え・整容の声かけ	起床・着替え・整容の声かけ	起床・着替え・整容の声かけ	起床
朝食・服薬・歯磨き介助	朝食・服薬・歯磨き介助	朝食・服薬・歯磨き介助	朝食・服薬、服薬チェック表に記入、歯磨き
血圧・脈拍・体温の測定	血圧・脈拍・体温の測定	血圧・脈拍・体温の測定	新聞を読む
お茶の提供	お茶の提供	お茶の提供	お茶を飲み、ほかの入居者と談笑
足上げ運動の声かけ	足上げ運動の声かけ	足上げ運動の声かけ	足上げ運動（左右各30回）
居室清掃			
昼食・服薬・歯磨き介助	昼食・服薬・歯磨き介助	昼食・服薬・歯磨き介助	昼食・服薬、服薬チェック表に記入、歯磨き
			30分ほど昼寝
			テレビ鑑賞（時代劇）
おやつ提供	おやつ提供	おやつ提供	おやつを食べ、ほかの入居者と談笑
足上げ運動の声かけ	足上げ運動の声かけ	足上げ運動の声かけ	足上げ運動（左右各30回）
			テレビ鑑賞・読書
夕食・服薬・歯磨き介助	夕食・服薬・歯磨き介助	夕食・服薬・歯磨き介助	夕食・服薬、服薬チェック表に記入、歯磨き
足上げ運動の声かけ	足上げ運動の声かけ	足上げ運動の声かけ	足上げ運動（左右各30回）
			テレビ鑑賞・読書
着替え・就寝声かけ	着替え・就寝声かけ	着替え・就寝声かけ	着替え・就寝
巡回	巡回	巡回	
巡回	巡回	巡回	
巡回	巡回	巡回	

05

血圧をコントロールし、心筋梗塞の再発を予防する

06

むせ込みを防止しながら、ベッド以外でも過ごせるようにする

事例概要

氏　　名	香川　花子（女性）
年　　齢	92歳
要介護度	要介護4
家族構成	長男家族と同居。夫は3年前に他界
経　　過	誤嚥性肺炎を発症し、入院。自宅での生活が困難となり入院先から特別養護老人ホームに入所となる。本人は肺炎を繰り返していることは理解しており、再度入院したくないという思いがある。1日中ベッド上で過ごしているため、筋力低下がみられる。いずれデイルームで過ごせることを望んでいる。

誤嚥性肺炎とは？

　誤嚥性肺炎とは本来、唾液や食べ物と一緒に食道へ入る口の中の細菌が誤って気管支や肺に入ることで生じます。**嚥下機能の低下した高齢者**や、脳梗塞後遺症やパーキンソン病などの**神経疾患を抱える患者**、**寝たきりの患者**に多く発生します。

＼ 看護師からのアドバイス ／

誤嚥性肺炎は繰り返すことが多いため、早期に変化を察知する必要があります。高齢者は発熱や咳等の症状が出ないこともあるので、普段から細かい観察が求められます！　食形態や食事の内容、食事時の姿勢を確認しましょう。また、口の中の清潔を保つ口腔ケアも重要です。

アセスメントのポイント

□**誤嚥性肺炎の予防の必要性の理解**

　―疾患に対する本人・家族等の理解度／本人のかかりつけ医、かかりつけ歯科医師など、本人のリスク評価にかかわりうる専門職のネットワーク等

□**リスクの評価**

　―疾患歴／咀嚼や嚥下にかかわるトラブル／食事における咀嚼、飲み込みの状況、嚥下動作／口腔内の状況／咳・むせの有無、咳・むせが出るタイミング等

□**摂食嚥下機能の支援**

　―嚥下障害に関係しうる病歴の有無／日常的な食事の摂取の状況／排泄リズム等

□**リスクを小さくする支援**

　―食事の際の本人の様子／本人の食の好みやこだわり、偏食の状況／食事をとっている場所・環境／食前の口腔体操、嚥下体操の実施の有無等

□**リスクの再評価**

□**変化を把握したときの対応体制の構築**

　―医師の判断を踏まえた、本人における留意すべき兆候／連絡先（かかりつけ医等）、専門職間での対応体制／医師からの指示・指導の有無、指導の内容等

参照：日本総合研究所令和2年度厚生労働省老人保健事業推進費補助金（老人保健健康増進等事業）「適切なケアマネジメント手法の手引き」『誤嚥性肺炎の予防のためのケア』p.34をもとに作成

 ケアプランの書き方のポイント

　総合的な援助の方針には、支援チームが最も重視すべきポイントや留意点を個別性をもった表現で明記します。時に支援チームに家族も含まれることも大切な視点です。

NG 文例
［第1表］総合的な援助の方針
●看護師や介護職員と連携して安心して暮らすことができるよう支援します。 └チームとしてどのように支援するかが不明確

OK 文例
［第1表］総合的な援助の方針
●食事時にむせこみがありますので、支援チームとしては食事量や内容等の摂取状況を確認・観察します。 └支援チームとしての共通方針が明確

第1表 施設サービス計画書（1）

利用者名　**香川花子**　殿　　　　生年月日　昭和 5 年 6 月 20 日

施設サービス計画作成者氏名及び職種

施設サービス計画作成介護保険施設名及び所在地

施設サービス計画作成（変更）日　　令和 5 年 4 月 26 日

認定日　令和 5 年 4 月 10 日　　　　　　　　　認定の有効期間

要介護状態区分		要介護1　・　要介護2
利用者及び家族の生活に対する意向	（本人）	①自宅に帰りたい気持ちはあるが、長男家族に負
		②ベッド上ではなく、起きて生活を送りたい。
	（長男嫁）	①入院したことで本人の気持ちが落ちているので、
		②話し好きなので、ほかの入居者や職員の皆さん
	（今後の方向性）	肺炎を再発させないよう、食事の際は飲み込みに
		少しずつ起きている時間を長くしていきます。
介護認定審査会の意見及びサービスの種類の指定		特になし。
総合的な援助の方針		令和4年12月8日に誤嚥性肺炎で入院し、令和5年4月
		支援チームの方針としては、第一に「誤嚥性肺炎を起こさな

> 方針は具体的かつ支援の要点となることを明記する。チームメンバー全員が理解しておく内容

作成年月日　令和5年　4月　26日

⟨初回⟩　・　紹介　・　継続　　｜　⟨認定済⟩・　申請中　｜

住所　　○○県 ○○町

山口浩二　介護支援専門員

特別養護老人ホーム四つ葉園　○○県○○町

初回施設サービス計画作成日　令和5年　4月　26日

令和5年　4月　10日 ～ 令和6年　3月　31日

・　要介護3　・　⟨要介護4⟩　・　要介護5

担をかけたくない。また、肺炎を起こして入院したくない。

週1回は面会に来て、話をしようと思っています。

と話す機会が多ければと思います。

気をつけていきましょう。また、体調のよいときは起きて生活ができるよう、

26日に入院先からの入居となりました。

いこと」を目標に、食事の際の飲み込みや食事量の状況を毎食時に確認します。

第2表　施設サービス計画書（2）

利用者名　香川花子　　　　殿

生活全般の解決すべき課題（ニーズ）	目標			
	長期目標	（期間）	短期目標	（期間）
誤嚥性肺炎で入院したことがあるが、再発することなく生活を送りたい。	誤嚥性肺炎で入院せずに暮らしていること。	令和5年4月26日〜令和5年10月31日	むせ込みが減少していること。	令和5年4月26日〜令和5年7月31日
			体重が48kgになっていること（令和5年4月現在46kg）。	令和5年4月26日〜令和5年7月31日
食事以外はベッド上で過ごしているが、起き上がった姿勢で暮らしていきたい。	起き上がった姿勢で日中暮らしていること。	令和5年4月26日〜令和5年10月31日	毎食後、60分程度、起き上がった姿勢で過ごせていること。	令和5年4月26日〜令和5年7月31日

援　助　内　容			
サービス内容	担当者	頻度	期間
①診察し、食事状況等の助言。 ②飲み込み状況を確認。 ③口腔ケア。 ④口腔体操。 ⑤食べやすい、飲み込みやすい姿勢を保ちます。	①医師 　（○○医院） ②看護師 ③介護職員 ④機能訓練指導員 ⑤本人	①月2回 ②毎食時 ③毎食後 ④週3回 　（火・木・土） ⑤毎食時	令和5年4月26日～令和5年7月31日
①体重測定。 ②体重、飲み込み状況に応じた食事の提供。	①介護職員 ②管理栄養士	①月1回 ②毎食時	令和5年4月26日～令和5年7月31日
①座位姿勢を保持できるよう体幹トレーニングをします。 ②食後は、リビング等で過ごし、ほかの利用者と話す機会をもてるようにします。	①機能訓練指導員 ②介護職員・本人	①週2回 　（水・日） ②毎食後	令和5年4月26日～令和5年7月31日

担当者は、正式な呼称で表記。
必要に応じて家族等の
インフォーマルサポートも含む

06 むせ込みを防止しながら、ベッド以外でも過ごせるようにする

第3表 週間サービス計画表

利用者名　香川花子　　　　　殿

		月	火	水	木
深夜	4:00				
早朝	6:00	更衣介助・洗面介助	更衣介助・洗面介助	更衣介助・洗面介助	更衣介助・洗面介助
		朝食飲み込み確認	朝食飲み込み確認	朝食飲み込み確認	朝食飲み込み確認
午前	8:00	口腔ケア	口腔ケア	口腔ケア	口腔ケア
	10:00				
	12:00	昼食飲み込み確認	昼食飲み込み確認	昼食飲み込み確認	昼食飲み込み確認
		口腔ケア	口腔ケア 口腔体操	口腔ケア	口腔ケア 口腔体操
午後	14:00	入浴介助	入居者個別のサポートを意識的に明記する	体幹トレーニング	
	16:00				
	18:00	夕食飲み込み確認	夕食飲み込み確認	夕食飲み込み確認	夕食飲み込み確認
		口腔ケア	口腔ケア	口腔ケア	口腔ケア
夜間	20:00	更衣介助・洗面介助	更衣介助・洗面介助	更衣介助・洗面介助	更衣介助・洗面介助
	22:00				
深夜	24:00	巡回	巡回	巡回	巡回
	2:00				
	4:00				

週単位以外のサービス	○○医院通院（長男付き添い　　月2回：第2・4金曜日）

※「日課計画表」との選定による使用可。

金	土	日	主な日常生活の活動
更衣介助・洗面介助	更衣介助・洗面介助	更衣介助・洗面介助	起床
朝食飲み込み確認	朝食飲み込み確認	朝食飲み込み確認	朝食
口腔ケア	口腔ケア	口腔ケア	歯磨き、リビングで60分過ごす
			居室で読書をする
昼食飲み込み確認	昼食飲み込み確認	昼食飲み込み確認	昼食
口腔ケア	口腔ケア 口腔体操	口腔ケア	歯磨き、リビングで60分過ごす
入浴介助		体幹トレーニング	入浴、体幹トレーニング
			居室でテレビ鑑賞する
夕食飲み込み確認	夕食飲み込み確認	夕食飲み込み確認	夕食
口腔ケア	口腔ケア	口腔ケア	歯磨き、リビングで60分過ごす
更衣介助・洗面介助	更衣介助・洗面介助	更衣介助・洗面介助	
			就寝
巡回	巡回	巡回	

06　むせ込みを防止しながら、ベッド以外でも過ごせるようにする

73

がんの痛みを
コントロールし、
家族と過ごす

事例概要

氏　　　名	山形　家光（男性）
年　　　齢	71歳
要介護度	要介護2
家族構成	4年前に妻が死去（がん）。その後一人暮らし。県内に長女・次女在住。
経　　　過	令和5年1月に胃がんと診断。すぐに胃全摘手術を受けたが、その時点で肝転移あり。妻の療養（看取り）を支えた経験から、有料老人ホームでの療養を希望し、退院と同時に入居となる。胃摘出後の後遺症で食が進まず、体重の低下がある。また身体の痛みが強く、起き上がることもままならない状況がある。

がんとは？

　がんは、日本人の死因第1位で、年間30万人以上が亡くなっています[1]。がんのことを**悪性腫瘍**ということもあります。悪性腫瘍とは、腫瘍のうち、無秩序に増殖しながら周囲にしみ出すように広がったり（浸潤）、身体のあちこちに飛び火して新しいかたまりをつくったり（転移）するもののことをいいます[2]。

引用文献：（1）厚生労働省「令和3年（2021）人口動態統計（確定数）の概況」
　　　　　（2）がんという病気について：[国立がん研究センター　がん情報サービス　一般の方へ]（ganjoho.jp）

＼ 看護師からのアドバイス ／

限られた時間を本人らしく過ごすためにも、医療用麻薬等による痛みのコントロールが重要です。また、病状の変化は急激に起こり、かつ予測が難しいです。医療機関との連携は必須で、病状の変化に迅速に対応しましょう。

アセスメントのポイント

□現状の把握と予後予測

　―病状や心身状態／病状の進行による起こり得るリスクの理解・予測等

□本人の意思の確認 ―本人の意思（治療方針・生き方・死に方・死後の対応等）

□日常的な生活の継続の検討

　―療養を続けるための環境と暮らし方／病状に応じた生活や暮らし方等

□支援チームの連携

　―本人を取り巻く医療・介護・インフォーマルサービスとの連携等

□緊急時の対応体制の構築

　―体調不良と想定される状況、その際の連絡先／体調不良時のサポート体制の構築等

□家族等への対応

　―家族の悩み・意向の把握／家族支援（グリーフケアを含む）に必要な体制整備等

ケアプランの書き方のポイント

　がんに伴うつらさ（痛み・精神的な苦痛等）を最小限に和らげていくことが、がん患者の生活の質を高めることにつながります。がんに伴うつらさがあらわれたときに、いかに支援チームで迅速に対応できるかが大切です。

　そのため、「総合的な援助の方針」では、①チームの方針、②想定される緊急事態への予測と対応方法を具体的に記載します。②は、緊急事態が起こり得る経緯を明らかにし、どんなときに、何を誰に伝えるのか、その後の対応をどうするのかなどを支援チームで共有できるように書きます。

NG 文例	**OK** 文例
［第1表］総合的な援助の方針	［第1表］総合的な援助の方針
●体調不良時には、必要な相談をします。 └ 誰に、どのように相談するのかがわからない	●万が一、痛みが強く起き上がれない場合等は、〇〇医師（000-0000-0000）へ連絡し、指示を仰ぎます。 └ 想定される緊急時とその場合の対応が具体的にわかる

第1表 施設サービス計画書（1）

利用者名 山形家光 殿　　生年月日 昭和26年 11月 11日

施設サービス計画作成者氏名及び職種

施設サービス計画作成介護保険施設名及び所在地

施設サービス計画作成（変更）日　令和5年 7月 15日

認定日　令和5年 7月 1日　　　　　　　　　　　認定の有効期間

要介護状態区分	要介護1 ・ 要介護2

利用者及び家族の生活に対する意向	（本人）病気のせいで、全身が痛いのがつらい。せめて、 食事は少ししか食べられないし、食べても気持ち 身体の痛みと食事が摂れない現状、そして娘たち （次女）この1年で体重が11kgも落ちてしまいました。 やはり気持ちが追いつかないです。これからも家 （今後の方向性）ご本人・娘様の双方に「会える時間を大切にした 医師の判断のもと、その都度、身体の痛みを和ら また、食事量の低下やそれに伴う不快な症状は、

> 専門職としてのアセスメントの結果を入居者や家族の想い等に照らし合わせ、今後の方向性を示す

介護認定審査会の意見及びサービスの種類の指定	特に記載なし。

総合的な援助の方針	令和5年1月に胃がんの診断を受け、胃の全摘出手術を受け 起き上がることもままならないことがあります。支援チーム 確認します。万が一、痛みが強く起き上がれない場合等は、 速やかに指示を仰ぎます。ご本人、長女様と相談のうえ、そ

作成年月日　令和5年　7月　15日

初回　・　紹介　・　(継続)　　　(認定済)・　申請中

住所　　○○県　○○市

栃木誠二　介護支援専門員

有料老人ホーム　グランデスタ那須ケキヨ　　○○県○○市

初回施設サービス計画作成日　　令和5年　3月　25日

令和5年　8月　1日　～　令和6年　7月　31日

・　　要介護3　　・　　要介護4　　・　　要介護5

娘たちが会いに来てくれたときには、座って話ができるように痛みを和らげてほしい。

悪くなる。食べられないから、便秘にもなるし、困る。

と過ごせる残りの時間を思うと、今を大切に生きていきたい。

母も同じ病気だったので、これからの経過は理解しつつも、

族全員で父と会える時間を大切に過ごしたいと思います。

い」という想いがあります。会える時間を有意義な時間とするためにも、

げるようにしていきます。

病気が原因ですので、食事の内容や食べ方について相談していきましょう。

ました。以後、食事量の低下や食後の不快な症状、また、身体の痛みが強く、

は、身体の痛みの状況、食事量と水分量、食後の体調（吐き気や倦怠感の有無）を

○○医師（○○診療所：000-0000-0000）へ連絡し、

のときに必要なサポート体制を速やかに整えます。

第2表 施設サービス計画書（2）

利用者名　**山形家光**　　　　殿

生活全般の解決すべき課題（ニーズ）	目標			
	長期目標	（期間）	短期目標	（期間）
身体の痛みが強く、起き上がることも難しいときがありますが、薬で痛みを調整して、娘たちと会える時間は座って話をできるようにしたい。	娘たちと会う時間（30分程度）は座って話ができていること。	令和5年8月1日〜令和6年7月30日	薬の内容を理解し、痛みに合わせた薬を内服できること。	令和5年8月1日〜令和6年1月31日
食後、不快な症状（吐き気・倦怠感）が起きやすいため、食事の相談をして、不快な症状を予防したい。	食後、不快な症状（吐き気・倦怠感）が起きないこと。	令和5年8月1日〜令和6年7月30日	よく噛んで食べることができること（1口30回、1食30分）。	令和5年8月1日〜令和6年1月31日
低体重で身体の痛みがあり、起き上がることも難しいため、床ずれができる心配があります（令和5年7月15日現在48kg、BMI値16）。	床ずれができないこと。	令和5年8月1日〜令和6年7月30日	皮膚に赤みができないこと。	令和5年8月1日〜令和6年1月31日
食事量が少なく、かつ医療用麻薬を使用しているため、便秘になりやすいですが、3日に1度はトイレで用足しがしたい。	3日に1度はトイレで用足しができること。	令和5年8月1日〜令和6年7月30日	朝食後に週に1度はトイレで用足しができること。	令和5年8月1日〜令和6年1月31日

作成年月日　令和5年　7月15日

援　助　内　容			
サービス内容	担当者	頻度	期間
①病状等に応じた必要な治療と薬の説明を行います。 ②薬の説明と服薬状況を確認します。 ③病状等に応じた生活上の助言や相談を行います。 ④痛みの程度、血圧や体温、服薬状況等の全身状態の観察・確認を行います。 ⑤痛みの程度やタイミング（身体を動かす30分前）に頓服の痛み止めを内服します。 ※令和5年7月15日現在、腹部・背中に痛みがあります。定時の内服と、頓服薬（1日5回程度）で痛みに対応しています。	①医師 ②薬剤師 ③④看護師 ④介護職員 ⑤本人	①月2回 ②月2回 ③1日7回程度 　朝・夕＋頓服 ④1日3回程度 　朝・昼・夕 ⑤1日5回程度	令和5年 8月1日～ 令和6年 1月31日
①栄養価の高い食事（間食を含む）を提供します。 ②食事の回数・量・形態を相談します。 ③食後（30分～3時間程度）の体調を観察します。 ④「食べること」を強く意識したり、焦ったりせず、気持ちにゆとりをもち、よく噛んでゆっくりと食べます。	①②管理栄養士 ③看護師・ 　介護職員 ④本人	①食事時 ②週1回程度 ③毎食後 ④食事時	令和5年 8月1日～ 令和6年 1月31日
①皮膚の状態を観察し、必要に応じて、軟膏や保護フィルムを貼ります。 ②その日の身体状況に応じて、入浴・清拭・足浴・手浴・ベッド上での洗髪をします。 ③寝返りをします。 ※令和5年7月15日現在、背骨・仙骨部・かかとに赤みができます。軟膏を塗り、除圧することで赤みは消失します。	①看護師 ②介護職員 ③本人	①1日2回 　朝・夕 ②週2回 　（火・金） ③2時間ごと	令和5年 8月1日～ 令和6年 1月31日
①排便の状況を確認し、薬の処方をします。 ②排便の状況に応じて下剤等の内服薬の調整や摘便をします。 ③便意の有無にかかわらず、朝食後はトイレに座ります。	①医師 ②看護師 ③本人	①月2回 ②3日ごと ③朝食後	令和5年 8月1日～ 令和6年 1月31日

入居者や家族にわかる表現を使用する。専門用語はなるべく使用しない

79

第3表　週間サービス計画表

利用者名　山形家光　　　殿

		月	火	水	木
深夜	4:00	巡視	巡視	巡視	巡視
早朝	6:00	起床の声かけ	起床の声かけ	起床の声かけ	起床の声かけ
		朝食・服薬介助	朝食・服薬介助	朝食・服薬介助	朝食・服薬介助
午前	8:00	口腔ケア	口腔ケア	口腔ケア	口腔ケア
	10:00				
	12:00	昼食・服薬介助	昼食・服薬介助	昼食・服薬介助	昼食・服薬介助
午後		口腔ケア	口腔ケア	口腔ケア	口腔ケア
	14:00			面会（長女・次女）	
		清拭介助・皮膚確認	入浴介助・皮膚確認	清拭介助・皮膚確認	清拭介助・皮膚確認
	16:00				
	18:00	夕食・服薬介助	夕食・服薬介助	夕食・服薬介助	夕食・服薬介助
		口腔ケア	口腔ケア	口腔ケア	口腔ケア
夜間	20:00	就寝介助	就寝介助	就寝介助	就寝介助
	22:00				
深夜	24:00	巡視	巡視	巡視	巡視
	2:00				
	4:00				

週単位以外の サービス	○○診療所通院（○○医師　月2回第2・4木）　　○○薬局薬剤師（月2回第2・4木）

※「日課計画表」との選定による使用可。

全員に共通するサービス内容だけでなく、入居者個別のサポートに目を向ける

金	土	日	主な日常生活の活動
巡視	巡視	巡視	
起床の声かけ	起床の声かけ	起床の声かけ	起床
朝食・服薬介助	朝食・服薬介助	朝食・服薬介助	朝食、服薬
口腔ケア	口腔ケア	口腔ケア	歯磨き、トイレ
			リビングで過ごす
			ベッドで横になる
昼食・服薬介助	昼食・服薬介助	昼食・服薬介助	昼食、服薬
口腔ケア	口腔ケア	口腔ケア	歯磨き
		面会(長女・次女)	家族面会(水、日)
入浴介助・皮膚確認	清拭介助・皮膚確認	清拭介助・皮膚確認	入浴(清拭、足浴、手浴等)
			ベッドで横になる
夕食・服薬介助	夕食・服薬介助	夕食・服薬介助	夕食、服薬
口腔ケア	口腔ケア	口腔ケア	歯磨き
			ベッドでテレビを観る
就寝介助	就寝介助	就寝介助	就寝の支度
			就寝、寝返り
			夜間トイレ1回
巡視	巡視	巡視	

08

血糖値を
コントロールしながら、
糖尿病の悪化を防ぐ

事例概要

氏　　名	広島　大吾　（男性）
年　　齢	81歳
要介護度	要介護2
家族構成	妻は3年前に他界。長男家族が隣町に住んでいる。
経　　過	長年の食生活の乱れにより60代で糖尿病を発症。自身で服薬管理をしていたが、部分的に自己管理が困難となり、しばしば低血糖が起こるようになった。活動量も低下し、体調管理とリハビリテーションを目的に介護老人保健施設に入所となった。今後は、インスリン注射や栄養管理をしながら病気の悪化を防ぎ、自宅で一人暮らしを続けることを目指している。

糖尿病とは？

　糖尿病は血糖を抑制する**インスリン**の作用が弱まることで、血液中の血糖値が慢性的に高くなる病気で、生活習慣病の一つとして知られています。

　糖尿病の治療は、**薬物療法**、**インスリン注射**、**食事療法**、**運動療法**があります。症状が進行すると、**合併症**を引き起こすことも多く、「糖尿病網膜症」「糖尿病性腎症」「糖尿病性神経障害」は三大合併症といわれます。

＼ 看護師からのアドバイス ／

低血糖を繰り返す要因（インスリン自己注射の手技や視力等の問題、食事等の課題など）を確認しましょう！　個人特有の生活習慣が病気の悪化に大きく影響することを意識しましょう。合併症悪化の予防に努め、緊急時の対応も確認します。

アセスメントのポイント

□ **病気の進行度や合併症**

□ **生活上の留意点**

□ **血糖値の管理状況**

　—インスリン自己注射の手技／食事量・タイミング

□ **低血糖の症状や対応方法**

　—症状が出た際の対応方法

□ **本人の薬の管理状況**

□ **生活習慣**

　—食事量／運動量

ケアプランの書き方のポイント

　本事例は、自宅復帰を目指す事例であり、自宅復帰後の生活を見据えた支援の組み立てを行うことが重要です。自宅に戻った後の入居者がどのように過ごしたいのか、そのために施設入居中にどのようなことを行い、どのようなことを習得するのか、自宅復帰した際の状態像をイメージしながら具体的に記載します。

　課題分析の結果をもとに、入居者のもつ能力や可能性を最大限に引き出しながら、チームそれぞれの専門的な視点からの意見も取り入れ、支援方針を検討します。「長期目標」「短期目標」の設定は、いつまでにどのレベルまで解決するのかを、より具体的に記載します。

NG 文例	**OK 文例**
[第2表] 短期目標	[第2表] 短期目標
● 処方どおりに薬を服用でき、<u>病状が安定する</u> └ 「病状が安定している」状態像が具体的にわからない ● 体重の増加を予防する	● <u>服薬とインスリン注射を忘れず、血糖値（空腹時70〜110mg/dl以下）になること</u> ● <u>体重が70kgになること</u> └ 目指すべき状態像が明確にわかる

第1表　施設サービス計画書（1）

利用者名　**広島大吾**　殿　　生年月日　昭和 17 年　1 月　9 日

施設サービス計画作成者氏名及び職種

施設サービス計画作成介護保険施設名及び所在地

施設サービス計画作成（変更）日　　令和 5 年　11 月　12 日

認定日　　令和 5 年　10 月　6 日　　　　　　　　　　認定の有効期間

要介護状態区分	要介護1　・　(要介護2)
利用者及び家族の 生活に対する意向	（本人）　糖尿病が悪化するのは嫌だが、食べることは好き ないです。低血糖を起こすと具合が悪いので、発 （長男）　父は食べることが大好きなので、好きなものを食 低血糖で倒れたこともあるので、一人で倒れて怪 （今後の方向性）食事量・内容の調整と体重減少を主として、生活 標準値となるようサポートさせていただきます。
介護認定審査会の 意見及びサービスの 種類の指定	特になし。
総合的な 援助の方針	血糖コントロール不良により、低血糖が度々起こることで活 再開を目指します。支援チームの方針は、糖尿病の悪化を防 サポートします。ご本人自身で管理できるようになることが 常に確認していきます。

家族の意向は、続柄
（例：長男）で記載

初回　・　紹介　・　継続　　　　認定済　・　申請中

住所　　○○県 ○○市

島根良子　介護支援専門員

介護老人保健施設○○○　　○○県○○市

初回施設サービス計画作成日　　令和 5 年　11 月　12 日

令和 5 年　11 月　1 日 ～ 令和 6 年　10 月　31 日

・　　要介護 3　　・　　要介護 4　　・　　要介護 5

なので、太りすぎに気をつけながら好きなものを楽しく食べたい。透析はしたく

作が起きないように過ごしていきたい。施設にいても、大好きな読書は続けたいです。

べさせたいですが、入院せずに自宅で過ごせるよう管理してほしいと思っています。

我をしないか心配です。

習慣の改善を目指していきましょう。自宅に帰るときには、食事量・内容や体重が

動量も減り、施設へ入居となりました。1 年以内に、自宅に帰って一人暮らしの

ぐことを第一として、食事管理や服薬管理により血糖値をコントロールできるよう、

重要なため、食事内容や体重、低血糖の症状をご本人に留意してもらえるよう

第2表 施設サービス計画書（2）

利用者名　広島大吾　　　　殿

生活全般の解決すべき課題（ニーズ）	目標			
	長期目標	（期間）	短期目標	（期間）
低血糖の発作が心配だが、血糖コントロールをすることで、最終的に自宅で暮らしたい。	血糖コントロールをし、低血糖を起こしていないこと。	令和5年11月15日〜令和6年5月14日	血糖値が空腹時70〜110mg／dl以下になっていること。	令和5年11月15日〜令和6年2月14日
体重の減量が必要であるが、食べることの楽しみも大事にしながら減量したい。	体重が67kgになっていること。	令和5年11月15日〜令和6年5月14日	体重が70kgになっていること（令和5年11月12日現在73kg）。	令和5年11月15日〜令和6年2月14日
読書が好きなので、自分で選んだ本をたくさん読みたい。	自分が選んだ好きな本を読むことができていること。	令和5年11月15日〜令和6年5月14日	月1回図書館に行って、好きな本を借りることができていること。	令和5年11月15日〜令和6年2月14日

具体的な数値は、
本人のプライバシーに配慮し
本人に確認したうえで記載

援　助　内　容			
サービス内容	担当者	頻度	期間
①朝食前に血糖値を測定します。 ②インスリン自己注射の準備と声かけ、見守りをします。 ③薬を手渡し、見守ります。 ④管理ノートに血糖値を記録します。 ⑤インスリン自己注射をします。 ⑥朝・夕食後に服薬します。 ⑦診察と薬の処方を行います。	①〜③看護師 ④〜⑥本人 ⑦医師 　（○○病院内科）	①朝食前 ②朝・夕食前 ③朝・夕食後 ④朝食前 ⑤朝・夕食前 ⑥朝・夕食後 ⑦月2回	令和5年 11月15日〜 令和6年 2月14日
①1日1600kcalの食事、1日1回のおやつを提供します。 ②よく噛んでゆっくり食べます。 ③体重を計り、記録します。 ④体操に参加します。 ⑤廊下（10m）を2往復します。	①管理栄養士・ 　介護職員 ②本人 ③本人 ④本人 ⑤本人	①毎食事 　おやつ時 ②毎食事 　おやつ時 ③週1回（火） ④1日2回 　（午前・午後） ⑤1日2回	令和5年 11月15日〜 令和6年 2月14日
①図書館まで付き添います。 ②自分の好きな本を選び、借りるための手続きを行います。	①長男・ 　介護職員 ②本人	①月1回 ②月1回	令和5年 11月15日〜 令和6年 2月14日

サービス内容、担当者、頻度の
連動性がわかるよう工夫する
（例：①、②、③と番号をふる）

第3表 週間サービス計画表

利用者名 **広島大吾** 殿

		月	火	水	木
深夜	4:00				
	6:00				
早朝		血糖値測定、インスリン自己注射準備	血糖値測定、インスリン自己注射準備	血糖値測定、インスリン自己注射準備	血糖値測定、インスリン自己注射準備
	8:00	朝食・服薬介助	朝食・服薬介助	朝食・服薬介助	朝食・服薬介助
午前	10:00	血圧測定	血圧測定	血圧測定	血圧測定
		体操・お茶の提供	体操・お茶の提供	体操・お茶の提供	体操・お茶の提供
		廊下で歩行練習	廊下で歩行練習	廊下で歩行練習	廊下で歩行練習
	12:00	昼食介助	昼食介助	昼食介助	昼食介助
	14:00				
午後		入浴	体重測定	入浴	
	16:00	体操・おやつ	体操・おやつ	体操・おやつ	体操・おやつ
		廊下で歩行練習	廊下で歩行練習	廊下で歩行練習	廊下で歩行練習
	18:00	インスリン自己注射準備、夕食・服薬介助	インスリン自己注射準備、夕食・服薬介助	インスリン自己注射準備、夕食・服薬介助	インスリン自己注射準備、夕食・服薬介助
夜間	20:00				
	22:00	就寝声かけ	就寝声かけ	就寝声かけ	就寝声かけ
深夜	24:00				
	2:00				
	4:00				

週単位以外のサービス	○○病院内科通院(月2回 長男付き添い) 図書館までの外出(月1回 介護職員・長訪問理美容(月1回)

※「日課計画表」との選定による使用可。

金	土	日	主な日常生活の活動
			起床・整容
血糖値測定、インスリン自己注射準備	血糖値測定、インスリン自己注射準備	血糖値測定、インスリン自己注射準備	血糖値測定、インスリン自己注射、管理ノートに記録
朝食・服薬介助	朝食・服薬介助	朝食・服薬介助	朝食・服薬・歯磨き
血圧測定	血圧測定	血圧測定	血圧測定
体操・お茶の提供	体操・お茶の提供	体操・お茶の提供	体操・お茶を飲む
廊下で歩行練習	廊下で歩行練習	廊下で歩行練習	廊下で歩行練習
昼食介助	昼食介助	昼食介助	昼食・歯磨き
入浴			入浴（月・水・金）
体操・おやつ	体操・おやつ	体操・おやつ	体操・おやつ
廊下で歩行練習	廊下で歩行練習	廊下で歩行練習	廊下で歩行練習
インスリン自己注射準備、夕食・服薬介助	インスリン自己注射準備、夕食・服薬介助	インスリン自己注射準備、夕食・服薬介助	インスリン自己注射　夕食・服薬・歯磨き
就寝声かけ	就寝声かけ	就寝声かけ	就寝
			※夜間、2〜3回トイレに行く

日常生活の活動に変化がある場合には、必要に応じて加筆、修正をする

男付き添い）

08 血糖値をコントロールしながら、糖尿病の悪化を防ぐ

パーキンソン症状の
悪化を防ぎ、施設内の
活動への参加を模索する

事例概要

氏　　名	福島　千恵子（女性）
年　　齢	84歳
要介護度	要介護3
家族構成	一人暮らし
経　　過	定時での服薬が自身では困難なことから症状が進行し、1年程前より特別養護老人ホームに入所。手の震えや小刻み歩行があり体幹保持がうまくとれず転倒リスクも高い。意欲低下や病気の不安感からうつ症状があり部屋に閉じこもりがちになっている。症状の緩和と自室以外で過ごすことを目指していく。

パーキンソン病とは？

　パーキンソン病とは、脳に異常が起こり、身体の動きに障害が出る病気です。脳内の神経伝達物質である**ドパミンの減少**が原因といわれています。

　パーキンソン病の代表的な症状として、手足など何もしていないときに震える「**振戦**」、筋肉の緊張が強くなり、手足の動作がぎこちなくなる「**固縮**」、動作の反応や開始に時間がかかり、動作そのものも遅くなる、身振りが小さくなる「**寡動・無動**」、身体の姿勢保持が難しくなり、方向転換や姿勢の立て直しがうまくできず、転びやすくなるなどの「**姿勢反射障害**」が挙げられます。

＼ 理学療法士からのアドバイス ／

パーキンソン病は日内変動がありますので、状態に合わせた対応が必要です。できることを見つけ、小さなことから、成功体験を積み重ねていきましょう！

アセスメントのポイント

☐ **パーキンソン病の症状の把握**

―歩行中の前傾姿勢や小歩、すり足、すくみ足、突進歩行、手の動作の不自由さ（服のボタンかけが難しいなど）、幻覚や妄想の有無／表情が乏しい、嚥下状態が悪い、唾でもむせることがある、声かけしても反応が薄い　など

☐ **日頃の生活のなかでの変化**

―他職種から意見の聴取

☐ **医療的な支援**

―個々によって進行や状況は違うので専門家や主治医に本人の症状を確認

ケアプランの書き方のポイント

　パーキンソン病は、身体の自由がきかなくなることで起こるリスクばかり考えがちですが、セルフケアにつながることを見つける視点が重要です（例えば、カラオケは歌えなくても、応援係として活躍するために、拍手の練習をするなど）。着脱しやすい服、タンスではなく取り出しやすいボックスの利用、食べやすい食器や自助具の使用など専門職の視点でセルフケアにつながる工夫をし、それをサービス内容として明確に記載します。

NG 文例
［第2表］サービス内容
●**機能訓練** └─ 支援内容がわからない

OK 文例
［第2表］サービス内容
●**下半身の柔軟性維持のための運動** **（担当者欄に「理学療法士」と記載）** └─ 支援内容が端的にわかる
●**薬の袋を自分で切って飲みます** **（担当者欄に「本人」と記載）** └─ 本人のできることに着目した記載

第1表　施設サービス計画書（1）

利用者名　**福島千恵子**　殿　　生年月日　昭和 15 年　2 月　22 日

施設サービス計画作成者氏名及び職種

施設サービス計画作成介護保険施設名及び所在地

施設サービス計画作成（変更）日　　令和 6 年　10 月　20 日

認定日　　令和 5 年　11 月　1 日　　　　　　　　認定の有効期間

要介護状態区分		要介護 1　　・　　要介護 2
利用者及び家族の生活に対する意向	（本人）何をするにも手足が震えてうまく動かない。でき （長女）令和 6 年 9 月頃から、本人が小刻みに歩いたり、 　気になっています。 　パーキンソン病が進行しないように生活してほし （今後の方向性）病気の症状については医師にこまめに相談します。 　しましょう。身体の状況（しんどさ）を見ながら、	
介護認定審査会の意見及びサービスの種類の指定	特になし。	
総合的な援助の方針	支援チームは、パーキンソン病の症状緩和へつながるよう、 生活動作については、移動や方向転換がスムーズにできない 正しい歩き方を意識しながら生活し、日中の活動量が増やせ 【緊急連絡先】大森節子様（長女）TEL:000-0000-0000	

> 病名を入れる場合には本人等の理解が必要。心情を考えて明記すべきか判断する

初回　・　紹介　・　(継続)　　　　　(認定済)・　申請中

住所　　○○県 ○○市

東京花子　介護支援専門員

○○特別養護老人ホーム　　○○県○○市

初回施設サービス計画作成日　　令和 5 年　11 月　15 日

令和 5 年　11 月　1 日　～　令和 7 年　10 月　31 日

・　(要介護 3)　・　　要介護 4　・　　要介護 5

るだけ部屋で横になっていたい。

その場で急に足踏みで動かなくなったりなど何だか歩く様子がおかしいのが

いです。また、寝たきりにならないようにしてほしいです。

生活の動作は、手足が震える状況のなかで「できること」をつくっていけるように

諦めずに起き上がって過ごせるようにします。

医師や看護師と連携し、体調の把握をこまめに行います。

ときもありますが、誰かが付き添えば手すり等につかまって歩くことができます。

るようチームで支援していきます。

※パーキンソン病のオフ症状（薬の効果が十分でないとき）による受診同行が必要な場合は、都度連絡してほしいと希望あり
（平日の午前中は仕事でつながりにくいときがあります）。

第2表 施設サービス計画書（2）

利用者名　福島千恵子　　殿

生活全般の解決すべき課題（ニーズ）	目　標			
	長期目標	（期間）	短期目標	（期間）
パーキンソン病の症状があり、活動する気持ちが弱くなっています。	パーキンソン病の症状が進行することなく、生活できていること。	令和6年11月1日～令和7年10月31日	パーキンソン病による症状の変化をすぐに職員に相談できること。	令和6年11月1日～令和7年4月30日
		令和6年11月1日～令和7年10月31日	パーキンソン病の症状に合った薬をむせることなく飲むことができること。	令和6年11月1日～令和7年4月30日
	3食をリビングで食べるように意識し、実施できていること。	令和6年11月1日～令和7年10月31日	1日1回はリビングで食事をしていること。	令和6年11月1日～令和7年4月30日
手足が震えて歩きにくいですが、一人で歩けるようになりたい。	居室から食堂まで（約15m）手すりを使って歩くことができること。	令和6年11月1日～令和7年10月31日	居室からトイレまで（約8m）手すりを使ってつまずくことなく歩くことができること。	令和6年11月1日～令和7年4月30日

作成年月日　令和6年　10月　20日

援　助　内　容			
サービス内容	担当者	頻度	期間
①治療と病状を観察し、服薬の処方をします。病状の進行を予防できるよう生活の指導とアドバイスをします。	①医師（通院）	①月2回	
②血圧、脈拍、体温、酸素飽和度を計測し、症状の変化を観察します。	②看護師	②毎朝	令和6年11月1日〜令和7年4月30日
③歩き方等を観察し、症状に変化がないか声かけをします。	③介護職員	③歩行時	
④パーキンソン病による症状がつらいときやいつもと異なるときは、看護師や介護職員に相談します。	④本人	④症状に変化が生じるとき	
①飲み合わせや服薬方法を確認し、本人の状態に合わせた服薬のアドバイスをします。	①薬剤師	①月2回	令和6年11月1日〜令和7年4月30日
②むせないように飲み込みの見守りをします。	②看護師	②毎食後	
③飲み込みやすい姿勢で薬を飲みます。	③本人	③毎食後	
①食事の声かけ、リビングまでの移動をサポートします。	①介護職員	①毎食時	令和6年11月1日〜令和7年4月30日
②自室からリビングまで体調に応じて車いすや手引き歩行で移動します。	②本人	②毎食時	
①歩く速度や方向転換を観察し、歩行状態が安定するよう付き添います。	①介護職員	①歩行時	
②「1.2.1.2」と歩くタイミングの声かけをします。	②介護職員	②歩行時	
③歩幅をなるべく大きくすること、足を上げることを意識します。	③本人	③歩行時	令和6年11月1日〜令和7年4月30日
④手足の動作練習、歩行練習をします。	④理学療法士	④週3回（月・水・金）	
⑤少しでも活動できる時間が増えるよう声かけをします。	⑤介護職員	⑤体調がよいとき	

頻度については「その都度」「随時」ではなく可能な限り具体的な状況を明記（例：トイレ時）

09 パーキンソン症状の悪化を防ぎ、施設内の活動への参加を模索する

95

第4表 日課計画表

利用者名　**福島千恵子**　　殿

		共通サービス	担当者	個別サービス
深夜	4:00	巡回・トイレ介助	介護職員	
早朝	6:00	起床の声かけ	介護職員	朝の整容・着替え・起き上がり介助
				血圧、脈拍、体温、酸素飽和度を計測し、記録
午前	8:00	朝食・服薬・歯磨き介助	介護職員・看護職員	食事の声かけ、移動のサポート
		トイレ介助	介護職員	朝の体操への声かけ
	10:00	飲水のサポート	介護職員	手足の動作練習・歩行練習
午後	12:00	昼食・服薬・歯磨き介助	介護職員・看護職員	食事の声かけ、移動のサポート
		トイレ介助	介護職員	
	14:00	入浴介助・レクリエーション	介護職員	体調のよい日は、午後のレクリエーション参加の声かけ
		おやつ提供・飲水のサポート	介護職員	
	16:00	トイレ介助	介護職員	トイレ状況の確認（排便なし3日以上で看護師へ相談）
夜間	18:00	夕食・服薬・歯磨き介助	介護職員・看護職員	食事の声かけ、移動のサポート
	20:00	トイレ介助・就寝の声かけ	介護職員	更衣介助・就寝介助
		21:00消灯声かけ	介護職員	センサーマットのスイッチをONに
深夜	22:00	巡回	介護職員	
	24:00	トイレ介助・巡回	介護職員	夜間ナースコールやセンサーの反応時にトイレ介助
	2:00	巡回	介護職員	
	4:00	巡回	介護職員	
随時実施するサービス		日中は1時間おき、夜間は2時間おきに所在と安否確認を行います。	介護職員	移動時は正しい姿勢で歩行できるよう声かけしながら、見守ります。体調のよい日は居室以外でも過ごせるよう声かけをします。
その他のサービス		○○クリニック通院（月2回　第2・第4木　長女付き添い）　　○○歯科による口腔ケアと家族との面会（月1〜2回）　K大学病院への通院（2か月に1回　長女付き添い）		

※「週間サービス計画表」との選定による使用可。　※入居者へのわかりやすさに配慮して、標準様式とは異なる表現にしています。

入居者個々の生活と活動を具体的に明記

作成年月日　令和 6 年　10 月　20 日

担当者	主な日常生活上の活動	共通サービスの例
		食事介助
		朝食
介護職員	起床	昼食
看護師		夕食
介護職員	朝食（IF食堂）、電動歯ブラシで歯磨き	
介護職員	IF共有部にて朝の体操参加	入浴介助（　曜日）
理学療法士	リハビリテーション（月・水・金）	
	居室で横になる	清拭介助
介護職員	昼食（IF食堂）、電動歯ブラシで歯磨き	
		洗面介助
介護職員	2F浴室にて入浴（月・木）	
	おやつ（IF食堂）	口腔清掃介助
介護職員		
		整容介助
介護職員	夕食（IF食堂）、電動歯ブラシで歯磨き	
	居室でテレビを観る	更衣介助
介護職員	居室で就寝準備	
介護職員	就寝	トイレ介助※
		飲水のサポート※
介護職員		
	夜間のトイレ：平均4～5回	体位変換
介護職員		

歯磨き指導（週1回　水）　○○薬局への服薬相談（月2回　第1・第3土）

居室内清掃とリネン交換（週1回　火）　洗濯（週2回　月・金）　訪問理美容（希望時）

ケアプラン作成の前提は、
利用者に面接をしたうえでのアセスメント

施設ケアプラン原案を作成する前提に、アセスメントがあることはいうまでもありません。そのアセスメントの方法は、直接会って「面接」をすることです（家族への面接は、テレビ電話等の通信機器の活用も認められています）。これは、努力義務ではなく、必須事項であり、ルールです。そのため、抵触すれば運営基準違反となります（指定介護老人福祉施設の人員、設備及び運営に関する基準第12条第4項、介護老人保健施設の人員、施設及び設備並びに運営に関する基準第14条第4項、介護医療院の人員、施設及び設備並びに運営に関する基準第17条第4項）。

しかし、実際はいかがでしょうか。施設ケアマネジャーからは、「新規入居の場合、入居までの日数があれば直接会ってアセスメントできるが、大抵の場合は、入居までの日数がなく、ほかの職種が行ってきた面接（実態調査等）の結果を踏まえて、原案をつくらざるを得ない」「そもそもケアマネジャーが課題分析のために、利用者を訪問するという慣習が施設になかった」などの声も聞かれます。

新規入居に対しての具体的な流れは以下のとおりです。

【新規入居者の場合】

1.本人に面接してアセスメントを実施

本人と直接、面接をします。居宅ケアマネジメントのように場所の指定はありません。面接の趣旨を入居者・家族に十分説明し、理解を得 なければなりません。

2.ケアプラン原案を作成

直接面接して行ったアセスメントに基づき、ケアプラン原案を作成します。

3.サービス担当者会議の開催（原案に対する議論と合意）

ケアプランの原案に対して専門的見地から意見を聴取し、最終的には計画の合意を図ります。サービス担当者会議の要点には、専門的見地からの意見を職種ごとに記載、また、欠席した職種については、欠席理由や原案への意見を明記します。

4.入居者および家族へ説明・同意・ケアプランの交付

サービス開始前（入居日当日でもサービス開始前まで）にケアプランについて説明し、文書により同意を得て、ケアプランを交付します。サービス開始後の説明・同意・交付は適切ではありません。

利用者に会わずに、適切なアセスメントはできません。まして、ケアプラン原案を作成できるはずがありません。それは、施設であれ、居宅であれ、介護予防であれ同様です。改めて、ケアプラン作成の具体的な流れを確認してほしいと思います。

動画でもっと詳しく！
第1表　施設サービス計画書(1)の書き方

　ケアプランの書き方について理解をより深めるために、以下の動画（約9分）をご活用ください。

動画の目次
○利用者及び家族の生活に対する意向（1分14秒〜）
○介護認定審査会の意見及びサービスの種類の指定（4分20秒〜）
○総合的な援助の方針（5分52秒〜）

QRコードから動画を読み込んでください。お手持ちのスマホやiPadのカメラ等を起動し、QRコードを映すと、動画ページへ進みます。

URLはこちら **https://chuohoki.socialcast.jp/contents/549**

第**4**章

医療的な
ケアが必要な事例

在宅酸素療法を受けながら、病状の悪化を防ぐ

事例概要

氏　　名	奈良　頼二（男性）
年　　齢	83歳
要介護度	要介護4
家族構成	妻と二人暮らし。子どもは長女（他市在住）、長男（近隣在住）。
経　　過	75歳で慢性閉塞性肺疾患と診断され、在宅酸素療法を行っている。80歳頃よりADLの低下、認知症状が認められる。妻が介護していたが、妻も高齢のため、自宅での介護が困難となり特別養護老人ホームに入所。

在宅酸素療法に伴うケアの特徴

　支援者が、**機器の取り扱い**、**トラブル時の対応**について十分に理解している必要があります。また、処方されたとおりに酸素が投与されているか、チューブの接続部分が外れていないか、折れ曲がりがないかなどを確認します。同時に、体調の確認（息苦しさや**チアノーゼ**の有無）を行います。

＼ 看護師からのアドバイス ／

　吸入量や時間が守られているか確認します。普段の呼吸状態との変化に注意しましょう（咳の回数や痰の量の変化等）。病状が急激に悪化する可能性を認識し、感染症には要注意です。また、CO_2ナルコーシス（二酸化炭素が体内に蓄積することで起こる意識障害）の注意事項をスタッフ間で共有しましょう。

アセスメントのポイント

☐ **病状の観察**

　－呼吸状態／チアノーゼの有無等

☐ **酸素の管理方法**

　－酸素チューブの漏れや屈曲等

☐ **ADLの維持**

☐ **社会参加への意欲**

　－本人のストレス状況等

ケアプランの書き方のポイント

　慢性閉塞性肺疾患のため、呼吸状態や酸素投与が確実に行われているかの確認など、医療面でのサポートが重要となります。支援チームで情報共有を徹底し、悪化時に速やかに対応できるよう、どのような状態を緊急時とするか等を明確にして、記載します。

NG 文例

[第1表] 総合的な援助の方針

● 安心して生活できるよう、医療と連携しながら、支援していきます。

「医療と連携」だけでは、具体的にどのように連携すればよいのかがわからない

OK 文例

[第1表] 総合的な援助の方針

● 支援チームとして、顔色や呼吸状態等体調の変化に最も気をつけ、呼吸が荒いと判断した場合には、速やかに医師に報告します。

緊急連絡先：〇〇医師

〇〇〇-〇〇〇〇-〇〇〇〇

支援チームとして留意するポイントが明確。具体的な医師への連絡手段を記載している。

第1表　施設サービス計画書（1）

利用者名　**奈良頼二**　殿　　生年月日　昭和 15 年　5 月　26 日

施設サービス計画作成者氏名及び職種

施設サービス計画作成介護保険施設名及び所在地

施設サービス計画作成（変更）日　令和 5 年　10 月　25 日

認定日　令和 5 年　10 月　20 日　　　　　　　認定の有効期間

要介護状態区分	要介護 1　・　要介護 2
利用者及び家族の生活に対する意向	（本人）　少し動くと苦しくなってしまうので、今はなるべ （長女）　最近、もの忘れもひどくなってしまい、横になっ 好きな人です。食事だけは、みなさんと一緒に食 できれば、レクリエーションにも参加して横にな （今後の方向性）体調を確認しながら、動けるときは動きましょう。 参加したりできたらよいと考えます。病気に関し
介護認定審査会の意見及びサービスの種類の指定	特になし。
総合的な援助の方針	疾患のために、在宅酸素療法をしています。息苦しさもあり 支援チームとしては、顔色や呼吸状態等体調の変化に最も気 また、酸素が確実に投与されているかの確認を行います。

（初回）・　紹介　・　継続　　　　（認定済）・　申請中

住所　　○○県 ○○市

和歌山真美　介護支援専門員

特別養護老人ホーム和　　○○県○○市

初回施設サービス計画作成日　　令和5年　10月　25日

令和5年　11月　1日 ～ 令和6年　10月　31日

・　　要介護3　　・　（要介護4）　・　　要介護5

く横になって過ごしていたいし、何もしたくない。

て過ごすことが多くなりましたが、父は話好きで大勢のなかで過ごすことが

べるようにしてほしい。

っている時間が少なくなるようにしてほしいです。

> 意向は、抽象的にならないよう、具体的な内容を引き出すアプローチが大切

具体的には、リビングで過ごしたり、時にレクリエーションに

ては、医師と相談しながら息苦しさに対処していきましょう。

横になって過ごすことが多い状況です。

をつけ、体調の悪化時には速やかに医師に報告をします。

第2表 施設サービス計画書（2）

利用者名　奈良頼二　　　　　殿

生活全般の解決すべき課題（ニーズ）	目標			
	長期目標	（期間）	短期目標	（期間）
慢性閉塞性肺疾患（COPD）による息苦しさがあるため、生活動作に制限が多い状態です。	在宅酸素療法を継続し、息苦しさを感じることが少なくなること（令和5年10月25日現在、起居動作後、息苦しさを感じます）。	令和5年11月1日〜令和6年10月31日	決められた量と時間、確実に酸素を吸入することができること。	令和5年11月1日〜令和6年4月30日
横になって過ごす時間が長いため、体力低下等の心配があります。	1日2時間は起きて生活していること。	令和5年11月1日〜令和6年10月31日	1日30分は、リビングで過ごせること。	令和5年11月1日〜令和6年4月30日
	1日1回の体操に参加していること。	令和5年11月1日〜令和6年10月31日	3日に1回は体操に参加していること	令和5年11月1日〜令和6年4月30日

> ニーズは、本人の自覚や意欲が伴わない場合には、状態をそのまま明記

援　助　内　容			
サービス内容	担当者	頻度	期間
①呼吸状態・酸素投与の確認をします。 ②診察・観察・指導をし、酸素の吸入量や吸入時間を指導します。 ③起居動作前後の状態を観察します。 ④停電時の対応等を確認します。 ⑤息苦しいときは職員に伝えます。	①全職員 ②医師 ③看護師 ④看護師・ 　介護職員 ⑤本人	①訪室時 ②週1回(火) ③起居時 ④月1回 ⑤息苦しいとき	令和5年 11月1日〜 令和6年 4月30日
①居室に訪問し、声かけをします。 ②レクリエーションへの声かけをします。 ③リビングでほかの入居者や職員と話をします。	①全職員 ②介護職員 ③本人	①訪室時 ②レク時 ③毎日	令和5年 11月1日〜 令和6年 4月30日
①体操への声かけをします。 ②朝の体操に参加します。	①介護職員 ②本人	①毎朝 ②毎朝	令和5年 11月1日〜 令和6年 4月30日

第4表　日課計画表

入居者の暮らし、
サポート内容が全体的に
わかるように記載

利用者名　奈良頼二　　　　　殿

		共通サービス	担当者	個別サービス
深　夜	4:00	巡視	介護職員	酸素投与の確認
早　朝	6:00	起床の声かけ	介護職員	酸素投与の確認
午　前	8:00	朝食介助	介護職員	酸素投与の確認
		服薬介助	看護師	薬を手渡し、飲み込みの確認
	10:00	体操	介護職員	体操参加へ声かけ
				診察（木）
午　後	12:00	昼食介助	介護職員	
		服薬介助	看護師	薬を手渡し、飲み込みの確認
	14:00	レクリエーション	介護職員	レクリエーションへ声かけ
		入浴介助（火・金）	介護職員	
	16:00			
夜　間	18:00	夕食介助	介護職員	
		服薬介助	看護師	薬を手渡し、飲み込みの確認
	20:00			
		就寝準備の介助	介護職員	
深　夜	22:00			酸素投与の確認
	24:00	巡視	介護職員	酸素投与の確認
	2:00	巡視	介護職員	酸素投与の確認
	4:00			
随時実施する サービス		停電時など緊急時の対応を 速やかにします。	看護師・ 介護職員	

その他の サービス	○○整形外科通院　（月1回　長女もしくは次女同行）
	体重測定（週1回　水）

※「週間サービス計画表」との選定による使用可。　※入居者へのわかりやすさに配慮して、標準様式とは異なる表現にしています。

担当者	主な日常生活上の活動	共通サービスの例
介護職員		食事介助
		朝食
介護職員	起床	昼食
		夕食
介護職員	朝食	
看護師	服薬、リビングで座って30分過ごす	入浴介助（　曜日）
介護職員	体操へ参加	
医師		清拭介助
	昼食	
看護師	服薬、自室にて横になる	洗面介助
介護職員	自室にてテレビを見て過ごす	
		口腔清掃介助
		整容介助
	夕食	
看護師	服薬	更衣介助
	就寝準備	トイレ介助※
介護職員	就寝	
		飲水のサポート※
介護職員		
		体位変換
介護職員		

11 レビー小体型認知症の進行により、喀痰吸引を受けながら嚥下機能の低下を予防する

事例概要

氏　　名	埼玉　純子（女性）
年　　齢	82歳
要介護度	要介護4
家族構成	入居前は夫と二人暮らし。娘がいるも、他県在住。
経　　過	レビー小体型認知症の診断あり。レビー小体型認知症の症状である嚥下機能の低下によって、喀痰吸引が必要な状況になり、グループホームに入居。またパーキンソン症状があり、転倒のリスクもある。幻視などの行動・心理症状（BPSD）は現在ないが、今後も病状の進行が心配される。

喀痰吸引に伴うケアの特徴

　喀痰吸引とは、嚥下機能の低下により自分で排出することができない痰や唾液・鼻汁などを吸引装置で取り除くことで、呼吸をしやすくし、**呼吸困難**や**誤嚥**を防ぎます。

　嚥下機能の低下が進むと、①誤嚥性肺炎を繰り返す、②**十分な栄養が摂取できなくなる**ことにより、経口からの摂取が難しくなることも考えられます。嚥下機能の低下の進行を緩やかにする支援が求められます。また、レビー小体型認知症により、喀痰吸引時に「何をされるのかわからない」状況もあるため、不安が軽減できるような支援も求められます。

＼ 看護師からのアドバイス ／

意識があり、自発呼吸のある人に吸引を行うのは、本人にとって非常に苦しい処置になります。十分な声かけは必須ですが、それ以外にも、水分補給をしたり、発声訓練をしたりするなど嚥下機能を少しでも改善できるように多職種で協働する視点が必要です。

アセスメントのポイント

□**嚥下機能低下の予防**

　―口腔機能の観察／口腔ケア・嚥下マッサージの方法

□**飲み込みの状況**

　―食事前の飲み込み状況／食事中の飲み込み状況／むせ込みの頻度

 ケアプランの書き方のポイント

　喀痰吸引が必要な事例において、嚥下機能の低下を予防する視点が重要です。嚥下機能の低下を予防するために、支援チームとして重要なポイントを具体的に記載します。

　ニーズについては、自立を阻害する要因や状況を平易な表現で簡潔に記載します。また、認知症のある本人・家族の心情に配慮した言葉を使用します。

NG 文例
［第2表］生活全般の解決すべき課題（ニーズ）
●**嚥下機能の低下があります。**
└ 専門的な用語で、具体的にどのような 状況であるかがわかりにくい

OK 文例
［第2表］生活全般の解決すべき課題（ニーズ）
●**病状の進行から、飲み込む機能の低下があり、①むせ込む、②痰が出しづらいなどの状況があります。**
└ 自立を阻害する状況を平易な表現でわかりやすく記載

第1表 施設サービス計画書（1）

利用者名　　**埼玉純子**　　殿　　　生年月日　昭和 17 年　1 月　3 日

施設サービス計画作成者氏名及び職種

施設サービス計画作成介護保険施設名及び所在地

施設サービス計画作成（変更）日　　令和 6 年　1 月　16 日

認定日　　令和 6 年　1 月　11 日　　　　　　　　　認定の有効期間

要介護状態区分	要介護 1　・　要介護 2
利用者及び家族の生活に対する意向	（本人）　　声をかけると「ありがとう」と話されましたが、 （夫）　　病気の進行と飲み込みが悪いことが心配です。 　　　　また、好きな音楽（ロック）を聴いて、笑顔が見 （今後の方向性）飲み込み機能の低下を予防するマッサージや口腔 　　　　また、口から食べることを維持できるように取り
介護認定審査会の意見及びサービスの種類の指定	特になし。
総合的な援助の方針	入居（令和 5 年 6 月）から約 7 か月が経過しました。生活 低下の予防に重点をおいた支援により、大きな機能低下はあ なってきている状況です。チームの方針として、現在食事前 維持できるよう支援します。吸引は、本人にとってもつらい

○年前や以前という表現ではなく、○年○月等、はっきりと時期がわかるように記載

初回　・　紹介　・　⬭継続⬭　｜　⬭認定済⬭・　申請中

住所　　○○県 ○○市

千葉一子　介護支援専門員

グループホーム阿夫利　　○○県○○市

初回施設サービス計画作成日　　令和 5 年　6 月　3 日

令和 6 年　2 月　1 日 ～ 令和 7 年　1 月　31 日

・　　要介護 3　　・　⬭要介護 4⬭　・　　要介護 5

明確な意向を伺うことができませんでした。

飲み込む力を少しでも維持できて、吸引の頻度が増えなければいいなと思います。

られれば嬉しいです。

ケアなどにも力を入れ、吸引の頻度が増えないようにしましょう。

組んでいきましょう。

環境にも慣れて、音楽を聴くと笑顔も見られています。飲み込み機能や歩行機能の

りませんが、病状の進行により、むせ込むことやふらつくことが少しずつ多く

に吸引していますが、特に飲み込み機能の低下を予防し、口から食べることを

ので、口腔ケアやマッサージなどで吸引の頻度が多くならないようにサポートします。

第2表 施設サービス計画書（2）

利用者名　埼玉純子　　　　　殿

生活全般の解決すべき課題 （ニーズ）	目　標			
	長期目標	（期間）	短期目標	（期間）
病気の進行から、飲み込み機能の低下があり、 ①むせ込み ②痰が出しづらい などの状況があります。	口から食事を食べていること。	令和6年 2月1日〜 令和7年 1月31日	痰の吸引の頻度が増えていないこと（令和6年1月現在食事前に3回吸引をしています）。	令和6年 2月1日〜 令和6年 7月31日
病気による手足の震えがあり、歩行に対する不安があります。	居室から食堂・トイレまで、介助にて歩いて移動していること（片道約15m）。	令和6年 2月1日〜 令和7年 1月31日	食事時、居室から食堂まで、介助にて歩いて移動していること（片道約10m）。	令和6年 2月1日〜 令和6年 7月31日

期間設定は利用者の状況と
目標に沿うようにし、
要介護認定の有効期間も考慮する

援　助　内　容			
サービス内容	担当者	頻度	期間
①嚥下マッサージをします。	①介護職員	①食事前	
②痰の吸引をします（2人で対応し、1人は手を握るなど本人が不安にならないよう支援します）。	②看護師・介護職員	②食事前	令和6年2月1日〜令和6年7月31日
③少量の水分を提供し、飲み込みの状況を確認します（水分にはトロミをつけます）。	③介護職員	③食事前	
④食事の飲み込みを確認しながら、食事の介助をします。スムーズに飲み込みができるよう声かけをします。	④介護職員	④食事前	
⑤口腔ケアをします。	⑤介護職員	⑤食事後	
①歩行の付き添い・介助をします。	①介護職員	①食事時・トイレ時	
②声をかけ、歩行訓練をします。	②介護職員	②1日2回10時・15時	令和6年2月1日〜令和6年7月31日
③転倒を予防できるようベッドサイドにセンサーマットを設置し、見守りをします。	③介護職員	③ベッドから立位時	
④声かけを受けて、歩行訓練をします。	④本人	④1日2回10時・15時	

12 人工透析による治療を受けながら、ベッド以外でも過ごせるようになる

事例概要

氏　　名	大阪　景子（女性）
年　　齢	91歳
要介護度	要介護5
家族構成	長女
経　　過	15年前に夫は逝去。以後、長女宅で生活を送っていた。20年程前から高血圧を患い、内服薬にて治療。令和5年に動脈硬化により入院。腎機能低下により人工透析となる。入院中にADLが低下し、排せつや食事等の身のまわりの介助が必要となり退院後、介護老人保健施設に入所となる。

人工透析に伴うケアの特徴

　人工透析は腎臓の代わりに体内に蓄積した余分な水分や老廃物を取り除き、血液を浄化する治療法です。人工透析が必要となる要因は、**腎機能の低下**が挙げられます。腎臓には、血液をろ過して老廃物や有害物質を尿として排出し、体内を浄化する機能がありますが、「**高血圧**」や「**糖尿病**」等の病気を発症すると血液を浄化する機能が低下し、老廃物や過剰な水分が体内に蓄積し、やがて尿毒症を発症します。

＼ 看護師からのアドバイス ／

透析治療を受けている人の基本的な支援は、食事や水分・塩分の調整、清潔援助、体重管理、適度な運動等です。本人の望む生活を把握してゴール（目標）設定を行い、各専門職が役割分担して達成していきましょう。

アセスメントのポイント

☐ **体重の管理**

　—水分摂取量／尿量

☐ **食事の状況**

　—バランスのとれた食事の提供／カロリー、塩分摂取量／栄養士との連携

☐ **日常の適度な運動**

　—機能訓練指導員との連携／筋力低下予防の訓練等の実施状況

 ケアプランの書き方のポイント

　人工透析は一度はじめると長く続ける必要があり、安全に続けるためには日頃の自己管理が大切です。同時に、支援する側の人工透析に対する理解が必要です。在宅復帰に向けて家族や本人が不安に感じていることを確認し、具体的に記載することが大切です。なお、被保険者証を確認し、介護認定審査会の意見やサービスの種類の指定がないか等を把握します。

<table>
<tr><td>

NG 文例

［第2表］　生活全般の解決すべき課題（ニーズ）

●**健康に暮らしたい。**
　　単なる希望となっており、自立を阻害する要因（ニーズ）がわからない

［第1表］　介護認定審査会の意見及びサービスの種類の指定

●**未記入**

</td><td>

OK 文例

［第2表］　生活全般の解決すべき課題（ニーズ）

●**カロリー制限や水分制限が必要であるが、入院したくない。**
　　自立を阻害する要因が明確になっている

［第1表］　介護認定審査会の意見及びサービスの種類の指定

●**特になし**

●**意見なし**
　　被保険者証を確認したことが明確になる

</td></tr>
</table>

第1表　施設サービス計画書（1）

利用者名　**大阪景子**　殿　　　生年月日　昭和6年　6月　15日

施設サービス計画作成者氏名及び職種

施設サービス計画作成介護保険施設名及び所在地

施設サービス計画作成（変更）日　　令和5年　9月　28日

認定日　令和5年　9月　15日　　　　　　　　　　　認定の有効期間

要介護状態区分	要介護1　・　要介護2

利用者及び家族の生活に対する意向	（本人）　①透析通院することは仕方ないが、入院はもうし ②身体を拭いてもらっているが、お風呂に入りた （次女）　①自宅での生活は難しいので、今後の住まいにつ ②部屋で過ごす時間が長いので、ほかの入居され （今後の方向性）体調を見ながら、部屋以外の場所で生活できるよ スタートし、その後体調に合わせて浴槽に入れる
介護認定審査会の意見及びサービスの種類の指定	特になし。
総合的な援助の方針	人工透析治療のため、週3回（月・水・金）通院しています。 確認しながら、再び入院することがないよう医療機関との連 【緊急連絡先】次女　TEL:000-0000-0000（著しい血圧低

> 具体的に緊急時を示していてわかりやすい

| 初回　・　紹介　・　(継続) | | (認定済)・　申請中 |

住所　　○○県 ○○ 町

京都太郎　介護支援専門員

介護老人保健施設あじさい　　○○県○○町

初回施設サービス計画作成日　　令和 4 年　10 月　28 日

令和 5 年　10 月　1 日　〜　令和 7 年　9 月　30 日

・　　要介護 3　　・　　要介護 4　　・　　(要介護 5)

たくない。部屋にいる時間が長いので別の居場所も欲しい。

い。

いても相談にのってほしい。

> 意向は、したいことだけでなく「したくない」「なりたくない」ことも重要

ている人と交流する時間を少しでももってもらいたい。

うにしていきましょう。また、入浴については、シャワーを浴びることから

よう相談させていただきます。

支援チームとしては、特に体重の変化を観察し、食事量や水分量を

携を図ってまいります。

下や不整脈等が生じた場合には、すぐに連絡します）。

第2表 施設サービス計画書（2）

利用者名 　大阪景子　　　　殿

生活全般の解決すべき課題（ニーズ）	目標			
	長期目標	（期間）	短期目標	（期間）
人工透析を行っているが、体重管理を行うことで、入院しない生活を送りたい。	体重（44kg）を維持し、入院することなく、施設での生活を送れること。	令和5年10月1日～令和7年9月30日	現在の体重（44kg）を維持できること。	令和5年10月1日～令和5年12月31日
体調がすぐれないときもあるが、浴槽に入って入浴したい。	週2回、浴槽に入って入浴できること。	令和5年10月1日～令和7年9月30日	週1回、浴槽に入って入浴できること。	令和5年10月1日～令和5年12月31日

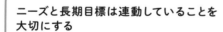

ニーズと長期目標は連動していることを大切にする

援 助 内 容			
サービス内容	担当者	頻度	期間
①透析治療をします。	①医師 　（○○医院）	①週3回 　（月・水・金）	令和5年 10月1日〜
②体重測定をします。	②介護職員	②1日2回 　（朝・夕）	令和5年 12月31日
③薬を手渡し、飲み込みを確認します。	③看護師	③毎食後	
④塩分やカロリー管理をします。	④管理栄養士	④食事時	
①血圧測定など体調をチェックします。	①看護師	①週2回 　（火・土）	令和5年 10月1日〜
②洗身・洗髪の介助をします。	②介護職員	②入浴時	令和5年 12月31日
③ベッド上で座位姿勢や下半身のトレーニングをします。	③理学療法士	③週2日 　（木・日）	
④居室にいるとき、座位姿勢を保てるよう意識します。	④本人	④毎日	

頻度は、曜日や時間の
記入があると、
よりわかりやすい

第4表 日課計画表

利用者名 　大阪景子　　　　　殿

		共通サービス	担当者	個別サービス
深 夜	4:00	巡視	介護職員	
		起床声かけ	介護職員	
早 朝	6:00	更衣、洗面介助	介護職員	
		トイレ介助	介護職員	体重測定
午 前	8:00	朝食・口腔清潔介助	介護職員	移乗、移動介助
		服薬介助	看護師	
	10:00			下半身のトレーニング（木・日）
午 後	12:00	トイレ介助	介護職員	
		昼食・口腔清潔介助	介護職員	移乗、移動介助
	14:00	服薬介助	看護師	血圧測定・体調チェック（火・土）
		入浴介助（火・土）	介護職員	
	16:00			
夜 間	18:00			体重測定
		夕食介助	介護職員	移乗、移動介助
	20:00	服薬介助	看護師	
		トイレ介助、就寝介助	介護職員	
深 夜	22:00			
	24:00	巡視	介護職員	
	2:00			
		巡視	介護職員	
	4:00			
随時実施する サービス				定時のトイレ介助のほか、 コールがあった場合は随時交換

その他の サービス	○○クリニック通院（月2回　次女付き添い）

※「週間サービス計画表」との選定による使用可。　※入居者へのわかりやすさに配慮して、標準様式とは異なる表現にしています。

担当者	主な日常生活上の活動	共通サービスの例
		食事介助
	起床	朝食
	洗面・整容	昼食
介護職員		夕食
介護職員	朝食・服薬	
	ベッドで過ごす(座位姿勢を意識する)	入浴介助(　曜日)
理学療法士	透析通院 (月・水・金8時30分〜13時00分)	清拭介助
介護職員		洗面介助
介護職員	月・水・金の昼食時間は13:30開始	
	入浴介助のうち1回は清拭	口腔清掃介助
		整容介助
介護職員	週2回(火・土)デイルームで過ごす	
介護職員	夕食	更衣介助
	服薬	
	就寝	トイレ介助※
		飲水のサポート※
		体位変換
介護職員		

主な日常生活上の活動は、
入居者の生活がイメージできるよう、
具体的な表記が大切!

事例概要

氏　　名	神奈川サブロー（男性）	
年　　齢	89歳	
要介護度	要介護5	
家族構成	妻	

経　　過　10年前に階段から転落し脊髄損傷（頸髄損傷C8*）となる。急性期病院から回復期リハビリテーション病院を経て自宅退院。5年前頃から寝たり起きたりの生活により、廃用症候群と認知機能の低下が進行。主介護者である妻の腰痛も悪化し、自宅での生活が難しくなる。1年前に特別養護老人ホーム入所。

＊C8…脊髄損傷のレベルを表す。C8は、車いす使用でADLが自立している程度。

褥瘡ケアの特徴

　褥瘡とは、寝たきりなどによって、体重で圧迫されている場所の血流が悪くなったり滞ったりすることで、皮膚の一部が赤い色味を帯びたり、ただれたり、傷ができたりすることです。自分で体位変換できない人は、体重で長い時間圧迫された皮膚に十分な酸素や栄養が行き渡らなくなり、「褥瘡」ができます。皮膚の表面だけではなく、皮膚のなかにある骨に近い組織が傷ついている場合もあります。褥瘡の予防は、「①体位変換の方法と時間間隔、②体圧分散寝具、③栄養、④スキンケア」[1]が重要です。

引用文献：（1）一般社団法人日本褥瘡学会ホームページ　jspu.org/jpn/patient/about.html

＼ 理学療法士からのアドバイス ／

本事例の入居者の本来の能力は寝返りができる損傷レベルです。車いすへの移乗、体位変換といったサポート体制を組むのと同時に栄養摂取のケアを行うことが大切です。体力をつけ、活動性を上げていくことで褥瘡予防へとつなげていきましょう。

アセスメントのポイント

☐ **現状の把握と予後予測**

　―病状や心身状態の把握／現在の生活状況の把握／起こり得るリスクの理解・予測

☐ **日常的な生活の継続的な支援**

　―療養を続けるための環境と暮らし方の支援／病状に応じた生活や暮らし方の支援

☐ **支援チームの連携**

　―本人を取り巻く医療・介護・インフォーマルサービスとの連携

☐ **緊急時の対応体制の構築**

　―体調不良時の状況の確認とその際の連絡先／体調不良時のサポート体制の構築

ケアプランの書き方のポイント

　支援チームは、日頃から褥瘡予防の視点をもち、支援に当たることが大切です。そのため、現在の生活全般の解決すべき課題（ニーズ）を明らかにし、ニーズに対するサポート体制を具体的にし、本人を含むチーム全体が目標に取り組めるように記載することが大切です。

　生活全般の解決すべき課題（ニーズ）の欄は、①自立の阻害要因、②阻害要因を解決するために有効な方法や手段、③阻害要因が解決された後の状態像を明確に記載します。

NG 文例
［第2表］生活全般の解決すべき課題（ニーズ）
●食べられるときに、食べられる分を食べたい
●床ずれにならないようにしたい └ ニーズではなく、本人の希望となっている

OK 文例
［第2表］生活全般の解決すべき課題（ニーズ）
●自分で寝返りをすることが難しいですが、床ずれ予防のケア（皮膚の清潔・身体の向きを変える）を受けることで、床ずれを予防することが可能です
└ 阻害要因を解決するための有効な手段が明確にわかる └ 自立を阻害している状況が具体的にわかる

第1表 施設サービス計画書（1）

利用者名　**神奈川サブロー** 殿　生年月日　昭和 **9** 年　**8** 月　**10** 日

施設サービス計画作成者氏名及び職種

施設サービス計画作成介護保険施設名及び所在地

施設サービス計画作成（変更）日　令和 **6** 年　**4** 月　**20** 日

認定日　令和 **6** 年　**4** 月　**10** 日　　　　　　　認定の有効期間

要介護状態区分	要介護1 ・ 要介護2

利用者が意向を語ることが困難な場合、このような表記も可能

利用者及び家族の生活に対する意向	（本人）　ご本人に尋ねましたが、明確な回答を得ることが
	（妻）　元々は、よく食べ、人とにぎやかに過ごすことが
	痩せてしまいましたが、バナナとパパイヤならよ
	人の輪のなかで過ごしてほしいし、私も夫と過ご
	お願いしたいです。
	（今後の方向性）ご本人の想いを推測し、その想いに寄り添う奥様
	にぎやかな時間を過ごすためにも、車いすで食堂
	調整が難しい状況がありますので、その日の体調

介護認定審査会の意見及びサービスの種類の指定	特になし。

総合的な援助の方針	脊髄損傷による下肢の麻痺、排泄機能の障害、自律神経の調
	自分で身体を動かすことが難しく、現在、低体重（44kg、
	支援チームでは、「皮膚の状態観察」「食事の有無・食事の量
	傷が見つかった場合には、主治医（○○クリニック：

作成年月日　令和 6 年　　4 月　20 日

初回　・　紹介　・　(継続)　　　　(認定済)・　申請中

住所　　○○県 ○○市

富山まき　介護支援専門員

特別養護老人ホーム かまくらぽっぽの郷　○○県○○市

初回施設サービス計画作成日　　令和 6 年　1 月　30 日

令和 6 年　5 月　1 日 〜 令和 10 年　4 月　30 日

・　　要介護 3　・　　要介護 4　・　(要介護 5)

できませんでした。

好きな夫でした。この 2 年（令和 4 年〜令和 5 年）で食事量が減り、

く食べるので、元気をつけられるように持っていきます。これからも夫には、

す時間を大切にしたいです。そのためにも、夫に必要な医療や介護のサポートを

のご本人への気持ちがよく伝わります。奥様や一緒に暮らす入居者の方々と

に行き、みなさんと一緒に食事できることを続けていきましょう。自律神経の

に応じながら「3 食食べること」と「座る練習」を続けていきましょう。

整が難しい状況に加え、廃用症候群による体力の低下があります。

BMI 値 17.5）のため床ずれができる心配があります。

・内容」「体重の推移」を確認します。万が一、皮膚に赤みや

TEL：000-0000-0000）へ連絡し、指示を仰ぎます。

第2表 施設サービス計画書（2）

利用者名 　神奈川サブロー 殿

生活全般の解決すべき課題（ニーズ）	目　標			
	長期目標	（期間）	短期目標	（期間）
食の細さがありますが、飲み込みの練習等を続けることで、適正な体重（BMI値18以上）で生活できるようにする必要があります（令和6年4月20日現在、44kg、BMI値17.5）。	体重が47.5kgになること（BMI値18.5）。	令和6年5月1日〜令和7年4月30日	体重が46.5kgになること（BMI値18）。	令和6年5月1日〜令和6年10月31日
自分で寝返りをすることが難しいですが、床ずれ予防のケア（皮膚の清潔・身体の向きを変える）を受けることにより、床ずれを予防します。	床ずれができない生活が続いていること。	令和6年5月1日〜令和7年4月30日	皮膚に赤みができないこと（令和6年4月20日現在、背骨・仙骨部に赤みができます）。	令和6年5月1日〜令和6年10月31日
血圧の下がりやすさがありますが、座る練習を続けることで、食事時（30分）は車いすに座ることが可能です。	食事時（30分）は車いすに座り、食堂で食事することが継続できていること。	令和6年5月1日〜令和7年4月30日	30分は座った姿勢で過ごすことができること。	令和6年5月1日〜令和6年10月31日
尿路感染症や便秘になる心配があります。	尿路感染症や便秘にならない生活が継続できていること。	令和6年5月1日〜令和7年4月30日	1日に1000mlの水分を摂ることができていること。	令和6年5月1日〜令和6年10月31日
体温調整が難しいですが、環境に合わせた衣服を着ることで、平熱（36度台）で過ごすことが可能です。	平熱（36度台）で過ごすことが継続できること。	令和6年5月1日〜令和7年4月30日	気温に合った衣服に着替えることができること。	令和6年5月1日〜令和6年10月31日

ニーズは優先順位の高いものから記載

援 助 内 容

サービス内容	担当者	頻度	期間
①飲み込みの評価と練習をします。 ②体重と血液データから栄養状態の観察をします。 ③栄養管理された食事を提供します。 ④食事量と残食量・食形態を確認します。 ⑤体重を測定します。 ⑥お粥のトッピング（梅びしお・海苔の佃煮）を選びます。 ⑦体操をします。 ⑧本人の好きな食事を差し入れします。	①歯科医師 ②医師・ 　管理栄養士 ③管理栄養士 ④管理栄養士・ 　介護職員 ⑤介護職員 ⑥⑦本人 ⑧妻・長女	①月2回 ②月2回 （管理栄養士 は月1回） ③④食事時 ⑤月1回 ⑥食事時 ⑦食前 ⑧週1回（日）	令和6年 5月1日〜 令和6年 10月31日
①トイレケア（オムツ交換・陰部の洗浄）をします。 ②皮膚の状況を観察し、必要に応じて、保護フィルムを貼り、軟膏を塗ります。 ③皮膚の状態に応じて、清拭・手浴・足浴をします。 ④体調を確認して、浴室内外での入浴ケア（着替え・洗浄）をします。 ⑤身体の向きを変えます。 ⑥体位変換マットやクッションを使用できるようにします。 ⑦手を洗います。	①〜⑤ 看護師・介護職員 ⑥介護職員 ⑦本人	①1日2回 ②1日2回 ③週2回（水・金） ④週2回（水・金） ⑤2時間ごと ⑥就寝時 ⑦入浴時	令和6年 5月1日〜 令和6年 10月31日
①首や四肢の関節のストレッチをします。 ②座る姿勢を保つ練習をします。 ③車いすに座る30分前にベッドを45度へ背上げします。 ④ベッドから車いすへの乗り移りの支援をします。 ※③④実施時は、急な血圧の低下がないか、顔色を観察します。	①理学療法士 ②理学療法士 ③介護職員 ④介護職員	①週2回（火・木） ②週2回（火・木） ③1日4回 ④1日4回	令和6年 5月1日〜 令和6年 10月31日
①膀胱留置カテーテルの管理をし、尿量や色、浮遊物の有無を確認し、尿廃棄をします。 ②排便状況に応じて下剤等の内服薬の調整をします。 ③1日の水分の摂取量を確認し、水分補給を促します。 ④1日1000mlの水分（トロミ付き）を飲みます。	①②③ 看護師・介護職員 ④本人	①1日2回 ②服薬時 ③食事時 ④食事時	令和6年 5月1日〜 令和6年 10月31日
①室温（26度前後）を保ちます。 ②気温に合った衣服を本人と一緒に選びます。 ③衣服を選びます。	①②介護職員 ③本人	①〜③ 1日2回 （朝・夕）	令和6年 5月1日〜 令和6年 10月31日

第3表 週間サービス計画表

利用者名 神奈川サブロー 殿

		月	火	水	木
深夜	4:00	体位変換	体位変換	体位変換	体位変換
		尿量確認・尿廃棄	尿量確認・尿廃棄	尿量確認・尿廃棄	尿量確認・尿廃棄
早朝	6:00	起床声かけ・整容介助	起床声かけ・整容介助	起床声かけ・整容介助	起床声かけ・整容介助
		更衣介助・義歯装着	更衣介助・義歯装着	更衣介助・義歯装着	更衣介助・義歯装着
		ベッド背上げ	ベッド背上げ	ベッド背上げ	ベッド背上げ
		食堂へ移動	食堂へ移動	食堂へ移動	食堂へ移動
午前	8:00	パタカラ体操・朝食・服薬介助	パタカラ体操・朝食・服薬介助	パタカラ体操・朝食・服薬介助	パタカラ体操・朝食・服薬介助
		歯磨き・お茶の提供	歯磨き・お茶の提供	歯磨き・お茶の提供	歯磨き・お茶の提供
		ベッドへ移動	ベッドへ移動	ベッドへ移動	ベッドへ移動
		ベッド背上げ・体位変換	ベッド背上げ・体位変換	ベッド背上げ・体位変換	ベッド背上げ・体位変換
	10:00	集団体操	個別体操	入浴介助	個別体操
		ベッドへ移動	ベッドへ移動	ベッドへ移動	ベッドへ移動
		ベッド背上げ・体位変換	ベッド背上げ・体位変換	ベッド背上げ・体位変換	ベッド背上げ・体位変換
		食堂へ移動	食堂へ移動	食堂へ移動	食堂へ移動
午後	12:00	パタカラ体操・昼食・服薬介助	パタカラ体操・昼食・服薬介助	パタカラ体操・昼食・服薬介助	パタカラ体操・昼食・服薬介助
		歯磨き・お茶の提供	歯磨き・お茶の提供	歯磨き・お茶の提供	歯磨き・お茶の提供
		ベッドへ移動	ベッドへ移動	ベッドへ移動	ベッドへ移動
		体位変換	体位変換	体位変換	体位変換
	14:00	ベッド背上げ	ベッド背上げ	ベッド背上げ	ベッド背上げ
		食堂へ移動	食堂へ移動	食堂へ移動	食堂へ移動
		おやつ・お茶の提供	おやつ・お茶の提供	おやつ・お茶の提供	おやつ・お茶の提供
		ベッドへ移動	ベッドへ移動	ベッドへ移動	ベッドへ移動

金	土	日	主な日常生活の活動
体位変換	体位変換	体位変換	
尿量確認・尿廃棄	尿量確認・尿廃棄	尿量確認・尿廃棄	
起床声かけ・整容介助	起床声かけ・整容介助	起床声かけ・整容介助	起床・整容・衣服を選び、着替える
更衣介助・義歯装着	更衣介助・義歯装着	更衣介助・義歯装着	
ベッド背上げ	ベッド背上げ	ベッド背上げ	車いすに座り、食堂へ行く
食堂へ移動	食堂へ移動	食堂へ移動	
パタカラ体操・朝食・服薬介助	パタカラ体操・朝食・服薬介助	パタカラ体操・朝食・服薬介助	体操・朝食・服薬・歯磨き
歯磨き・お茶の提供	歯磨き・お茶の提供	歯磨き・お茶の提供	
ベッドへ移動	ベッドへ移動	ベッドへ移動	お茶を飲む、ベッドで横になる
ベッド背上げ・体位変換	ベッド背上げ・体位変換	体位変換	
集団体操	入浴介助		集団体操(週2回 月・金)、個別体操(週2回 火・木)、入浴(週2回 水・土)
ベッドへ移動	ベッドへ移動	ベッドで横になる	
ベッド背上げ・体位変換	ベッド背上げ・体位変換	ベッド背上げ・体位変換	車いすに座り、食堂へ行く
食堂へ移動	食堂へ移動	食堂へ移動	
パタカラ体操・昼食・服薬介助	パタカラ体操・昼食・服薬介助	パタカラ体操・昼食・服薬介助	体操・昼食・服薬・歯磨き
歯磨き・お茶の提供	歯磨き・お茶の提供	歯磨き・お茶の提供	
ベッドへ移動	ベッドへ移動	ベッドへ移動	お茶を飲む、ベッドで横になる
体位変換	体位変換	体位変換	
ベッド背上げ	ベッド背上げ	ベッド背上げ	車いすに座り、食堂へ行く
食堂へ移動	食堂へ移動	妻・長女との面会	
おやつ・お茶の提供	おやつ・お茶の提供		おやつ・お茶を飲む
ベッドへ移動	ベッドへ移動	ベッドで横になる	

ベッドで横になることも生活の一部として明記すると1日の活動がよりわかりやすくなる

		16:00	体位変換	体位変換	体位変換	体位変換
夜　間						
			ベッド背上げ	ベッド背上げ	ベッド背上げ	ベッド背上げ
			食堂へ移動	食堂へ移動	食堂へ移動	食堂へ移動
		18:00	パタカラ体操・夕食・服薬介助	パタカラ体操・夕食・服薬介助	パタカラ体操・夕食・服薬介助	パタカラ体操・夕食・服薬介助
			歯磨き・お茶の提供	歯磨き・お茶の提供	歯磨き・お茶の提供	歯磨き・お茶の提供
			ベッドへ移動	ベッドへ移動	ベッドへ移動	ベッドへ移動
		20:00	更衣介助	更衣介助	更衣介助	更衣介助
			尿量確認・尿廃棄	尿量確認・尿廃棄	尿量確認・尿廃棄	尿量確認・尿廃棄
深　夜		22:00	就寝介助	就寝介助	就寝介助	就寝介助
			体位変換	体位変換	体位変換	体位変換
		24:00				
			体位変換	体位変換	体位変換	体位変換
		2:00				
		4:00	体位変換	体位変換	体位変換	体位変換
			体位変換	体位変換	体位変換	体位変換

週単位以外のサービス	診察（配置医）（月2回　第1・3水）　○○デンタルクリニック訪問診療（歯科）（月2回
	訪問理美容○○（1～2か月に1回）レクリエーション（月2回　第2・4木）、妻と長女の来

※「日課計画表」との選定による使用可。

体位変換	体位変換	体位変換	ベッドで横になる
ベッド背上げ	ベッド背上げ	ベッド背上げ	車いすに座り、食堂へ行く
食堂へ移動	食堂へ移動	車いすへ座り、食堂へ移動	
パタカラ体操・夕食・服薬介助	パタカラ体操・夕食・服薬介助	パタカラ体操・夕食・服薬介助	体操・夕食・服薬・歯磨き、お茶を飲む
歯磨き・お茶の提供	歯磨き・お茶の提供	歯磨き・お茶の提供	
ベッドへ移動	ベッドへ移動	ベッドで横になる	ベッドで横になる
更衣介助	更衣介助	更衣介助	パジャマへ着替える
尿量確認・尿廃棄	尿量確認・尿廃棄	尿量確認・尿廃棄	
就寝介助	就寝介助	就寝介助	就寝
体位変換	体位変換	体位変換	
体位変換	体位変換	体位変換	
体位変換	体位変換	体位変換	
体位変換	体位変換	体位変換	

第2・4金）

訪（週1回　日）

施設におけるサービス担当者会議

　サービス担当者会議は、新規のケアプラン原案作成時・要介護更新認定時・要介護状態区分の変更認定時に開催するというルールがあります。その他、入居者の状況の変化等によりケアプランの変更が必要になったときに行います。

　皆さんの施設では、サービス担当者会議に入居者本人や家族は出席していますか？施設ケアマネジャーに聞くと、「そもそもサービス担当者会議に本人や家族が出席するという慣習がなかった」「本人が会議中に心身の苦痛があると考えて参加をしてもらっていない」「家族に参加要請しても何らかの理由により欠席が多い」「人手不足で当初予定していたサービス担当者会議ですら、急遽の延期・中止がある」などの声が聞こえてきます。

　そもそも、サービス担当者会議は誰のためのものなのか、主体は誰かという原点に戻れば、自然と入居者および家族の参加は必須であると気づいていただけると思います。前述したように、サービス担当者会議に対する状況はさまざまでしょう。しかし、その多くは、サービスを提供する側の都合であり、入居者や家族が参加を望んでいないとは言い切れないでしょう。

　サービス担当者会議は、入居者側にとって、具体的にどのようなケアを受けることができるのか、そして、自分自身が行うべきことは何かを受け止める場であり、今後の暮らしをイメージできる大切な機会です。家族の参加は、テレビ電話等のオンラインという方法を検討いただくことが可能です。

　施設では、人員不足等によりさまざまなことが行き届かずに悩んでいるとの状況があると思いますが、それでも、サービス担当者会議が開催され、そこに参加することは、入居者の権利ともいえます。実際の方法や時間帯、開催時間などを工夫して、入居者参加型のサービス担当者会議を検討してみてください。

プラスアルファ +α 動画でもっと詳しく！
第2表　施設サービス計画書(2)の書き方

　ケアプランの書き方について理解をより深めるために、以下の動画（約10分）をご活用ください。

動画の目次
○生活全般の解決すべき課題（ニーズ）（15秒〜）
○長期目標・短期目標（2分36秒〜）
○サービス内容（5分5秒〜）
○担当者・頻度・期間（7分8秒〜）

QRコードから動画を読み込んでください。お手持ちのスマホやiPadのカメラ等を起動し、QRコードを映すと、動画ページへ進みます。

URLはこちら **https://chuohoki.socialcast.jp/contents/550**

第5章

例外・緊急時等
押さえておきたい
事例

急な介護者の怪我による
緊急入所を不安なく
過ごせるようにする

事例概要

氏　　名	三重　洋子（女性）
年　　齢	79歳
要介護度	要介護2
家族構成	長女（53歳）・孫娘（大学生）との4人暮らし。
経　　過	脊柱管狭窄症の診断を受け、家事全般ができず、歩行時は見守りが必要な状態。通所リハビリテーションを週2回利用しながら、長女が支援していたが、長女の急な怪我により、在宅での支援が困難となり、緊急入所となる。

緊急入所のケースの特徴

　緊急入所となる理由として、家族等の病気や入院、虐待の事実確認などが挙げられます。

　緊急入所時は、利用者の身体状況・疾患の詳細が十分に把握できない状態で受け入れなければなりません。そのため、居宅サービス側との連携が重要となります。本人も突然の環境の変化により不安が大きいため、心理的なサポートも求められます。

＼ 介護福祉士からのアドバイス ／

本人の状況と本人の入居理由への理解度に細心の注意と配慮が必要です。本人が入居理由に対する理解が困難な場合については、「連れてこられた」というマイナスの感情が生まれ、心身への影響が大きいものとなります。併せて、寝場所が変わることへの心身の負担にも特段の理解と配慮が求められます。

アセスメントのポイント

☐ 当面の課題を抽出

—居宅ケアマネジャー等との連携を図りつつ、在宅でのニーズや目標の確認／入居後
1週間程度には環境変化等を踏まえ、課題の見直し

☐ 入居者自身の不安

ケアプランの書き方のポイント

生活全般の解決すべき課題（ニーズ）について、「〇〇したい」「〇〇なりたい」と記載するのは、入居者自身が、ケアマネジャーが抽出したニーズを自覚し、改善したいと考えている場合です。入居者自身がニーズを自覚できなかったり、改善したいという気持ちがなかったりする場合には、自立を阻害している状態像（起きている事実）を記載します。

NG 文例
［第2表］生活全般の解決すべき課題（ニーズ）
●急にお世話になることになったが、安心して過ごしたい。 └ 専門職としての分析結果が反映されていない

OK 文例
［第2表］生活全般の解決すべき課題（ニーズ）
●脊柱管狭窄症のため、歩行が不安定で見守りが必要な状況だが、**歩いて移動** **し**たい。入居者自身がニーズを自覚し、 └ 改善したいと思っている ●10分程度しか立位を保てないが、自宅に戻ったら娘の家事の負担が減らせるように、調理の下ごしらえをできるようにしたい。 └ 本人の意欲を踏まえた表記になっている

第1表　施設サービス計画書（1）

利用者名　**三重洋子**　殿　　生年月日　昭和 19 年　1 月　9 日

施設サービス計画作成者氏名及び職種

施設サービス計画作成介護保険施設名及び所在地

施設サービス計画作成（変更）日　　令和 5 年　10 月　25 日

認定日　　令和 5 年　4 月　20 日　　　　　　　　　認定の有効期間

要介護状態区分	要介護1　・　（要介護2）
利用者及び家族の 生活に対する意向	（本人）　急な入居で、どうなるのか不安でいっぱいです。 しっかり歩けるようになりたいです。娘の怪我が （長女）　母は、心配性なため、急な環境の変化についてい 歩ける状態が維持できるようリハビリテーション （今後の方向性）ご自身で歩けることを望んでいますので、リハビ 自宅に戻るときまでに、調理の下ごしらえだけで
介護認定審査会の 意見及びサービスの 種類の指定	特になし。
総合的な 援助の方針	支援チームとしては、常にご本人の気持ちを伺い、1日の生 また、歩行時の状況確認をしながら転倒・ふらつきに備えた

作成年月日　令和 5 年　10 月　25 日

初回 ・　紹介　・　継続　　　認定済 ・　申請中

住所　　○○県 ○○市

石川真由　介護支援専門員

介護老人保健施設若葉の森　○○県○○市

初回施設サービス計画作成日　　令和 5 年　10 月　25 日

令和 5 年　5 月　1 日　～　令和 6 年　4 月　30 日

・　　要介護 3　　・　　要介護 4　　・　　要介護 5

今は、少しでも娘の負担が軽くなるように、リハビリテーションを頑張って

よくなったら家に帰って、調理の下ごしらえくらい手伝えるようにしたいです。

けるかが心配です。十分に説明をしてから支援をしてもらえると助かります。

をしてください。

リテーションに力を入れていきましょう。

なく、ご自分でできることを増やしていきましょう。

活の流れや支援内容を理解いただきながらサポートします。

歩行サポートを行います。

> 急な入居であった場合にも、より具体的な意向・不安等を引き出すよう努める

第2表 施設サービス計画書（2）

利用者名 　三重洋子　　　　　殿

生活全般の解決すべき課題 （ニーズ）	目　標			
	長期目標	（期間）	短期目標	（期間）
脊柱管狭窄症のため、歩行が不安定で一人で歩くことが不安だが、歩いて移動したい。	屋内は歩いて移動できていること。	令和5年11月1日〜令和5年11月30日	移動時には、職員を呼び、見守りを受けて移動できていること。	令和5年11月1日〜令和5年11月15日
10分程度しか立位を保てないが、調理の下ごしらえをできるようになりたい。	調理の下ごしらえができること。	令和5年11月1日〜令和5年11月30日	見守りを受けて調理の下ごしらえができること。	令和5年11月1日〜令和5年11月15日

急な入居の場合であっても優先順位の高い内容を明記

援　助　内　容			
サービス内容	担当者	頻度	期間
①移動時は、不測の事態に備え、すぐに支援できるよう見守ります。 ②移動時に職員を呼ぶよう声かけをします。 ③体操への参加を声かけします。 ④下肢の体幹トレーニングをします。 ⑤移動時は職員を呼び、杖を使用します。 ⑥体操に参加します。	①介護職員 ②全職員 ③介護職員 ④理学療法士 ⑤本人 ⑥本人	①移動時 ②訪室時 ③体操時 ④週1回(水) ⑤移動時 ⑥体操時	令和5年 11月1日～ 令和5年 11月15日
①野菜を洗うなど調理の下ごしらえを見守ります。 ②立位のバランスを保つトレーニングをします。 ③調理の下ごしらえを行います。	①介護職員 ②理学療法士 ③本人	①夕食時 ②週1回(水) ③夕食時	令和5年 11月1日～ 令和5年 11月15日

14

急な介護者の怪我による緊急入所を不安なく過ごせるようにする

第4表 日課計画表

利用者名 三重洋子 殿

		共通サービス	担当者	個別サービス
深夜	4:00	巡視	介護職員	
早朝	6:00	起床の声かけ	介護職員	
午前	8:00	朝食見守り、服薬介助	介護職員、看護師	薬を手渡す
	10:00	体操	介護職員	体操への声かけ
午後	12:00	昼食見守り、服薬介助	介護職員、看護師	薬を手渡す
	14:00	レクリエーション	介護職員	レクリエーションへの声かけ
		入浴介助（火・金）	介護職員	
	16:00			体幹バランストレーニング（水）
				調理の下ごしらえ見守り
夜間	18:00	夕食見守り、服薬介助	介護職員、看護師	薬を手渡す
	20:00			
		就寝準備の見守り	介護職員	
深夜	22:00			
	24:00	巡視	介護職員	
	2:00	巡視	介護職員	
	4:00			
随時実施する サービス		不安や心配事の確認	介護職員 看護師	

その他の サービス	○○クリニック通院　週1回（妹　付き添い）

※「週間サービス計画表」との選定による使用可。　※入居者へのわかりやすさに配慮して、標準様式とは異なる表現にしています。

担当者	主な日常生活上の活動	共通サービスの例
		食事介助
		朝食
	起床・身支度	昼食
		夕食
看護師	朝食・服薬	
	リビングにて過ごす	入浴介助（　曜日）
介護職員	体操へ参加	
		清拭介助
看護師	昼食・服薬	
	自室にて横になる	洗面介助
介護職員	レクリエーションに参加する	
	リビングにて過ごす	口腔清掃介助
理学療法士	自室にてテレビを見る、洗濯物をタンスにしまう	
介護職員	調理の下ごしらえ	整容介助
看護師	夕食・服薬	
		更衣介助
	就寝準備	トイレ介助*
	就寝	
		飲水のサポート*
	夜間トイレ1〜2回	
		体位変換

> 緊急入所であっても可能な範囲で把握。入居後、改めて聞き取り、追記するのも可能

15

身寄りがなくても、サービス利用の手続きや金銭管理等がスムーズにできるようにする

事例概要

氏　　　名	愛知　龍一（男性）
年　　　齢	85歳
要介護度	要介護2
家族構成	兄、弟がいるが、疎遠になっている。子どもなし（婚姻歴なし）。
経　　　過	長年一人で生活をしていた。近所付き合いもなく、身元保証人もいない。緑内障やうつ病があり、サービス利用の手続きや財産管理が難しい状況。一人での生活に不安が強くなり、有料老人ホームに入所。成年後見人に依頼し、入所手続きを行う。

身寄りがないケースの特徴

　身寄りがないケースでは、**契約等の手続き**や**財産管理**などさまざまな支援が必要です。成年後見制度や各市町村独自の金銭管理等の支援、民間のサポートなど、**利用できる資源を積極的に活用**することが重要です。

　また、サービス利用の手続きや財産管理でもどのような支援が必要なのかを、本人の状況を確認しながら支援をしていくこと、認知症の人などには予後予測を踏まえ、早めに今後必要になることが予測される支援の相談をする視点も必要です。

＼ 社会福祉士からのアドバイス ／

後見人にすべてを任せてしまうのではなく、本人にも手続き等に同席してもらうなど、意欲低下や機能低下予防の視点をもった支援も求められます。

アセスメントのポイント

☐ **フォーマルな支援とインフォーマルな支援の把握**

　—フォーマルな支援とインフォーマルな支援の連携

☐ **経済的な状況の把握**

☐ **緊急時の対応および後見人の協力度合い**

☐ **居宅ケアマネジャーからの情報収集および支援ポイントの聞き取り**

 ケアプランの書き方のポイント

　身寄りがないケースにおいて、本人の状況により必要な支援がさまざまで、インフォーマルサポートも重要になります。インフォーマルサポートを位置づける場合は、必要に応じてサポーターの承認を得ます。インフォーマルサポートの主体等は、正式名称で省略せずに明記します。

　また、本人の手続き等で不安に思っていることや難しいと思っていることを確認しながら、手続きのなかでも具体的にどの部分に支援が必要なのかなどを具体的に記載します。

NG 文例

［第2表］サービス内容

● 管理
　└ 支援内容がわからない

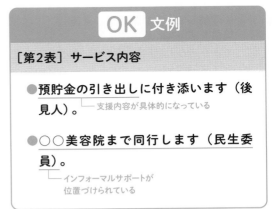

OK 文例

［第2表］サービス内容

● 預貯金の引き出しに付き添います（後見人）。
　└ 支援内容が具体的になっている

● ○○美容院まで同行します（民生委員）。
　└ インフォーマルサポートが
　　 位置づけられている

第1表　施設サービス計画書（1）

利用者名　　**愛知龍一**　　殿　　　生年月日　昭和 12 年 7 月 9 日

施設サービス計画作成者氏名及び職種

施設サービス計画作成介護保険施設名及び所在地

施設サービス計画作成（変更）日　　令和 5 年 2 月 10 日

認定日　令和 4 年 12 月 15 日　　　　　　　認定の有効期間

要介護状態区分	要介護1 ・ （要介護2）

利用者及び家族の生活に対する意向	（本人）　①目も見えづらくなって、生活に不安がいっぱい
	②お金の管理や難しい契約ごとは、後見人さんに
	（後見人）　病気の進行で生活不安も大きいので、一つひとつ
	（今後の方向性）さまざまな手続き内容や介助について、丁寧に説
	一方で、整容、着替え、食事等身のまわりのこと

> 後見人がどの程度入居者のことを理解しているか確認し、情報提供をするなど連携が重要

介護認定審査会の意見及びサービスの種類の指定	特になし。

総合的な援助の方針	これまで一人で生活をしてきましたが、緑内障により目が見
	当施設に入所することになりました。一方で、施設内の環境
	可能な状況です。支援チームは、手続きやお金の管理などを
	します。生活内での心配事も多いことから、一つひとつ丁寧

┌─────────────────────────┐　┌─────────────────────────┐
│ (初回) ・　紹介　・　継続 │　│ (認定済)・　申請中 │
└─────────────────────────┘　└─────────────────────────┘

住所　　○○県 ○○市

長野二三子　介護支援専門員

介護付き有料老人ホーム桜　　○○県○○市

初回施設サービス計画作成日　　令和5年　2月　10日

令和4年　12月　15日 ～ 令和5年　12月　31日

・　　要介護3　　・　　要介護4　　・　　要介護5

です。不安が先立って、なかなか何をする気にもなれません。

お任せできると安心です。

丁寧に説明をしながらサポートしていただきたい。

明させていただきますので安心してください。

は自分でできる状況を継続していくために、身体を動かす機会を増やしていきましょう。

えづらくなっていることなどから、一人でいることの不安が強くなり、

下では、生活に関するすべてのこと（整容、着替え、食事）はほぼ自分で行うことが

成年後見人とともにサポートし、手続きや支払いなどが滞りなくできるよう支援

に説明をします。

第2表　施設サービス計画書（2）

利用者名　愛知龍一　　　　　　殿

生活全般の解決すべき課題 （ニーズ）	目　標			
	長期目標	（期間）	短期目標	（期間）
目の不調から生活全般に不安がありますが、自分のことは自分でやりたい。	生活行為すべてを自分で行うことができていること。	令和5年 2月10日〜 令和5年 12月31日	自分で組み立てた1日のスケジュールどおりに過ごせていること	令和5年 2月10日〜 令和5年 7月31日
目が見えづらい状況もあり、「難しい」「不安」と感じられている手続き・契約などがあります。	遅延・滞りなく必要な手続きができていること。	令和5年 2月10日〜 令和5年 12月31日	不安を軽減することで、成年後見人が行う手続きが増えていないこと。	令和5年 2月10日〜 令和5年 7月31日

サービス内容では、
本人が行っていることを
セルフケアとして位置づける

援 助 内 容			
サービス内容	担当者	頻度	期間
①スケジュールの作成や確認。 ②身体を動かす体操をします。	①本人 ②本人	①毎日 ②朝・夕	令和5年 2月10日〜 令和5年 7月31日
①緑内障の治療をします。 ②通院の付き添いをし、日々の状況を医師に報告します。 ③契約・手続きのサポートをします（サービス事業所との契約・行政からの通知など）。 ④契約・手続き内容の説明に立ち会います。 ⑤本人の不安なこと、困りごとについて傾聴します。	①眼科医 （○○眼科） ②介護職員 ③成年後見人 （○○行政書士） ④本人 ⑤成年後見人・施設長・看護師・介護職員	①月1回 ②月1回 ③契約・手続き時 ④契約・手続き時 ⑤不安時	令和5年 2月10日〜 令和5年 7月31日

15

身寄りがなくても、サービス利用の手続きや金銭管理等がスムーズにできるようにする

第3表　週間サービス計画表

利用者名　愛知龍一　　　　殿

		月	火	水	木
深　夜	4:00	巡回	巡回	巡回	巡回
早　朝	6:00	起床・着替え・洗面 声かけ、(体操)	起床・着替え・洗面 声かけ、(体操)	起床・着替え・洗面 声かけ、(体操)	起床・着替え・洗面 声かけ、(体操)
		朝食・歯磨き見守り	朝食・歯磨き見守り	朝食・歯磨き見守り	朝食・歯磨き見守り
午　前	8:00	血圧・脈拍・検温・ 点眼	血圧・脈拍・検温・ 点眼	血圧・脈拍・検温・ 点眼	血圧・脈拍・検温・ 点眼
	10:00	お茶提供	お茶提供	お茶提供	お茶提供
			部屋の整理		シーツの交換
午　後	12:00	昼食・歯磨き見守り	昼食・歯磨き見守り	昼食・歯磨き見守り	昼食・歯磨き見守り
	14:00				
	16:00	お茶・おやつ提供	お茶・おやつ提供	お茶・おやつ提供	お茶・おやつ提供
			入浴介助		入浴介助
夜　間	18:00	夕食・歯磨き見守り	夕食・歯磨き見守り	夕食・歯磨き見守り	夕食・歯磨き見守り
	20:00	点眼・就寝準備	点眼・就寝準備	点眼・就寝準備	点眼・就寝準備
		就寝声かけ、(体操)	就寝声かけ、(体操)	就寝声かけ、(体操)	就寝声かけ、(体操)
深　夜	22:00	巡回	巡回	巡回	巡回
	24:00	巡回	巡回	巡回	巡回
	2:00	巡回	巡回	巡回	巡回
	4:00				

週単位以外の サービス	通院(○○眼科)　月1回
	契約・手続きのサポート・財産管理(成年後見人　○○行政書士　契約・手続き時)

※「日課計画表」との選定による使用可。

月～日の計画表のなかには、サービス内容に位置づけた本人のしていること（セルフケア）や家族のサポートなどを加えてもよい

作成年月日　令和5年　2月　10日

金	土	日	主な日常生活の活動
巡回	巡回	巡回	
起床・着替え・洗面 声かけ、(体操)	起床・着替え・洗面 声かけ、(体操)	起床・着替え・洗面 声かけ、(体操)	起床・着替え・洗面、体操
朝食・歯磨き見守り	朝食・歯磨き見守り	朝食・歯磨き見守り	朝食・歯磨き
血圧・脈拍・検温・ 点眼	血圧・脈拍・検温・ 点眼	血圧・脈拍・検温・ 点眼	ラジオ体操
			音楽鑑賞
お茶提供	お茶提供	お茶提供	お茶
			部屋の整理
昼食・歯磨き見守り	昼食・歯磨き見守り	昼食・歯磨き見守り	昼食・歯磨き
			昼寝(30分ほど)
			テレビ鑑賞
お茶・おやつ提供	お茶・おやつ提供	お茶・おやつ提供	お茶・おやつ
	入浴介助		音楽鑑賞
			職員と話す(不安なことがあるとき)
夕食・歯磨き見守り	夕食・歯磨き見守り	夕食・歯磨き見守り	夕食・歯磨き
			テレビ鑑賞
点眼・就寝準備	点眼・就寝準備	点眼・就寝準備	着替え等就寝準備
就寝声かけ、(体操)	就寝声かけ、(体操)	就寝声かけ、(体操)	体操、就寝
巡回	巡回	巡回	
巡回	巡回	巡回	
巡回	巡回	巡回	

16

経済的困窮のなかで施設に入所し、疾患に対応した生活を送る

事例概要

氏　　名	静岡　宏（男性）
年　　齢	80歳
要介護度	要介護3
家族構成	一人暮らし
経　　過	結婚歴なし。中学卒業後工場で就労していたが経営悪化により50代半ば頃解雇される。転職したものの60歳で退職。年金も少なく、生活が苦しくなるなか身寄りもないため、生活保護受給者となる。就労していた頃からの飲酒が影響し75歳頃、高尿酸血症を発症。自宅で訪問介護を利用していたが下肢筋力が低下し、体重も増加。自宅での生活が難しくなり特別養護老人ホームへの入所を検討している。

生活に困窮しているケースの特徴

　健康状態や家族関係の悪化、失業等さまざまな問題を抱え、**生活困窮**に陥るケースがあります。社会との交流を目指して何度も挑戦するも、うまくいかない経験を数多くすると**社会的孤立**を感じる人もいます。仮に年金を受給していても受給額が少なく最低生活に必要な金額に満たないケースもあります。

＼ 社会福祉士からのアドバイス ／

費用の不安ばかりで必要なサービスを受けられなくなることがないよう生活困窮者自立支援制度等の各制度を確認し、ケースワーカーなどと連携しながら負担軽減につながるサービスを見出していくことが必要です。

アセスメントのポイント

☐ **現在の経済的状況**

　—要介護度に応じた自己負担額の確認／各施設で設定している食事代や部屋代、その

　　他日常生活にかかる費用等／市町村に設置される自己負担割合の軽減制度

☐ **医療依存度の把握**

　—医療依存度が上がる可能性／各施設の医療依存度への対応状況

ケアプランの書き方のポイント

　生活に困窮している場合、生活困窮者自立支援制度等の活用などを通じて、ケースワーカーや市町村窓口担当者と連携することも多くなります。誰と、どのような支援内容について連携するのかが明確になるように具体的に記載することが重要です。

NG 文例
[第1表] 総合的な援助の方針
●安心して施設生活を送ることができるよう連携しながら支援してまいります。 └ 誰と連携し、どのような支援をしていくのかがわからない。

OK 文例
[第1表] 総合的な援助の方針
●経済的な不安なく、必要なサービスを受けられるよう支援するため、支援チームとして、まずは経済状況を確認します。また、体重増加（BMI27、体重77kg）によるふらつきがあるため、「歩行状態の観察」を徹底します。 └ チームとして取り組むことが明確にわかる ●医療面の費用負担について、市役所〇〇課と相談のうえ、必要な医療が受けられるよう支援します。 └ 連携先が明らかになっている

第1表　施設サービス計画書（1）

利用者名　**静岡宏**　殿　　生年月日　昭和 17 年 9 月 11 日

施設サービス計画作成者氏名及び職種

施設サービス計画作成介護保険施設名及び所在地

施設サービス計画作成（変更）日　令和 5 年 12 月 10 日

認定日　令和 5 年 6 月 22 日　　　　　　　　　認定の有効期間

要介護状態区分	要介護 1　・　要介護 2
利用者及び家族の生活に対する意向	（本人）　①自分の力で暮らしていきたいが、足が思うよう ②貯金が少なく、金銭的な不安もあるが、施設で （姪）　経済的なサポートは難しいですが、身内として必 （今後の方向性）転倒することなく歩くことができるよう、歩行ト していくことで、さらに歩ける距離が延びていく 経済面については、継続的にこの施設で暮らせる
介護認定審査会の意見及びサービスの種類の指定	特になし。
総合的な援助の方針	活動量の低下と体重増加から歩行状態が不安定であり、その チーム方針として、第一に歩行能力を高めることを目指し、 また、体重を適正（65kg）に保てるよう（令和 5 年 12 月

初回　・　紹介　・　継続　　　　認定済 ・　申請中

住所　　○○県 ○○市

岐阜一朗　介護支援専門員

特別養護老人ホームこだま園　○○県○○市

初回施設サービス計画作成日　　令和 5 年　12 月　10 日

令和 5 年　6 月　22 日　～　令和 6 年　6 月　30 日

・　要介護 3 　　・　要介護 4 　　・　要介護 5

に動かなくなってきており、歩くことができなくなることが不安。

サービスを受けながら過ごしていきたい。

要な手続き等はやっていきます。

レーニングをしていきましょう。一方で、体重を適正な状況（65kg）に改善

と思います。また、屋内で「よく動く」ことを意識して生活していきましょう。

よう、施設長などと一緒に相談していきたいと思います。

状況をご本人も自覚されています。

> 課題やネガティブな内容は本人の自覚度合いや理解度により、その表記内容に配慮が必要な場合がある

リハビリテーションをします。

10 日現在 73kg）栄養管理のサポートを行います。

第2表　施設サービス計画書（2）

利用者名　**静岡宏**　　　　　　殿

| 生活全般の解決すべき課題（ニーズ） | 目　標 | | | |
	長期目標	（期間）	短期目標	（期間）
体重の増加がみられますが、過度な我慢をすることなく、適正な体重（65kg）にしたい。	体重が65kgになっていること。	令和5年12月15日〜令和6年6月30日	体重が70kgになっていること。	令和5年12月15日〜令和6年3月31日
活動量の減少、足の筋力低下により歩行が不安ですが、屋内で自力での歩行を続けていきたい。	杖を使って屋内を自力で歩くことができること。	令和5年12月15日〜令和6年6月30日	杖を使って自室からデイルームまで（約10m）、歩くことができること。	令和5年12月15日〜令和6年3月31日
お金の不安があるが、なるべく迷惑をかけずに生活したい。	お金の心配なく生活できること。	令和5年12月15日〜令和6年6月30日	毎月の入出金を確認できること。	令和5年12月15日〜令和6年3月31日

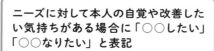

ニーズに対して本人の自覚や改善したい気持ちがある場合に「○○したい」「○○なりたい」と表記

援　助　内　容			
サービス内容	担当者	頻度	期間
①プリン体1日400mgを基準とした食事を提供します。 ②体重測定をします。 ③診察、生活習慣のアドバイスをします。	①管理栄養士 ②介護職員 ③医師	①食事時 ②月1回 ③月2回	令和5年 12月15日～ 令和6年 3月31日
①廊下(約5m)を歩く練習をします。 ②手すりを使って屈伸練習(1日10回)をします。	①看護師 ②本人	①1日2回 (朝食後・ 昼食後) ②1日2回 (朝食後・ 昼食後)	令和5年 12月15日～ 令和6年 3月31日
①通帳の出納管理をします。 ②治療費等に関する費用の相談をします。	①生活相談員 ②○○市役所 　ケースワーカー	①月1回 ②月1回	令和5年 12月15日～ 令和6年 3月31日

16

経済的困窮のなかで施設に入所し、疾患に対応した生活を送る

第4表　日課計画表

利用者名　**静岡宏**　　　　　殿

		共通サービス	担当者	個別サービス
深　夜	4:00	巡視	介護職員	
早　朝	6:00	更衣・洗面介助	介護職員	
午　前	8:00	朝食・口腔清掃介助	介護職員	栄養管理した食事の提供
		服薬介助	看護師	
	10:00			食後、廊下での歩行練習(2往復)
午　後	12:00			
		昼食・口腔清掃介助	介護職員	栄養管理した食事の提供
	14:00	服薬介助	看護師	
		入浴介助(月・木)	介護職員	
	16:00			食後、廊下での歩行練習(2往復)
夜　間	18:00			
		夕食介助	介護職員	栄養管理した食事の提供
	20:00	服薬介助	看護師	
		就寝介助	介護職員	
深　夜	22:00			
	24:00	巡視	介護職員	
	2:00			
		巡視	介護職員	
	4:00			
随時実施する サービス				栄養指導

その他の サービス	訪問診療(○○クリニック　医師　月2回)　　体重測定(介護職員　月1回)　通帳の

※「週間サービス計画表」との選定による使用可。　※入居者へのわかりやすさに配慮して、標準様式とは異なる表現にしています。

担当者	主な日常生活上の活動	共通サービスの例
		食事介助
		朝食
	起床　洗面・整容	昼食
		夕食
管理栄養士	朝食・歯磨き・服薬	
	ベッドの手すりにつかまって屈伸運動 （10回）	入浴介助（　曜日）
看護師	歩行練習	清拭介助
管理栄養士	昼食・歯磨き・服薬	洗面介助
	ベッドの手すりにつかまって屈伸運動 （10回）	口腔清掃介助
看護師	歩行練習	
	自室でテレビ鑑賞	整容介助
管理栄養士	夕食・歯磨き・服薬	更衣介助
	着替え・就寝準備	トイレ介助*
	就寝	
		飲水のサポート*
		体位変換
管理栄養士		

出納管理（生活相談員　月1回）　治療費等の費用の相談（ケースワーカー　月1回）

17 ターミナル期を穏やかに過ごすため、がんによる痛みや不安の軽減を目指す

事例概要

氏　　名	長崎　綾人（男性）
年　　齢	89歳
要介護度	要介護4
家族構成	妻、長男夫婦との四人暮らし。
経　　過	前立腺がんの末期で、食欲低下、体重低下あり。骨にもがんが転移しており、強い痛みがみられている。ストーマを使用しており、医療的な管理が増え、本人と家族の希望で介護医療院に入所。今後は緩和ケアを中心に行い、心身の清潔を保ちながら穏やかに最期を迎えたいとの希望がある。

ターミナルケアの特徴

　ターミナルケアとは、病気や障害、老衰などによって、終末期を迎えた人に対して行う、**医療・看護・介護**のケアです。残りの人生を心穏やかに過ごせるように、痛みや苦しさ、不安感を緩和し、QOLを保つことを目的としています。ターミナルケアの開始時期は、本人の意思によりますが、本人が意思表示をできないときは、家族の意思をもとに、支援チームで話し合い、今後の方針を決定します。

　ターミナル期のがん患者などには「**身体的な痛み**」「**精神的な痛み**」「**社会的な痛み**」「**スピリチュアルペイン**」の四つの痛みがあり、これらを「全人的な痛み」といいます。それぞれが影響し合ってさまざまな痛みが出現するため、多方面から痛みをみましょう。

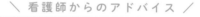

＼ 看護師からのアドバイス ／

本人の言葉以外の表情や変化に注意しましょう。痛みの変化にチームとして早く気づき、症状に応じた医療的ケアの変化も理解しておきましょう。家族との時間も重要です。亡くなった後の家族のことも考えながら支援しましょう。

アセスメントのポイント

□**痛みの状態の把握**

　―疼痛緩和の方法の確認／観察のポイントや対応方法

□**本人の意向の把握**

　―感情の変化の把握／日常の会話や様子

□**ネガティブな感情への支援**

　―心情に寄り添った支援／意思決定の支援

□**予後の把握**

　―主治医、支援チームとの情報共有

□**容態の急変が想定される場合の対応**

　―容態の急変が起こる可能性／急変時の連絡先／急変時の対応

ケアプランの書き方のポイント

　ターミナル期は、痛みや苦しさの緩和を行う必要性があることから、症状が出た際に早急に対応できるよう、すべてのスタッフの共通事項として、観察・配慮・対応が必要なことを具体的に記載します。また、目標については、ターミナル期だからという特別な設定は必ずしも必要ありません。ただし、心身の変化に対応してこまめに見直しを行うことが求められます。

NG 文例
［第2表］長期目標
●痛みが緩和し、穏やかに過ごすことができること
●身体の清潔が保てていること。
┗目指すべき状態像があいまいになっている

OK 文例
［第2表］長期目標
●身体の痛みが減り、食事を摂れることで、体重が43kg（BMI値18.5）を維持できていること
●床ずれや皮膚のトラブルがなく、衛生的な身体状態で過ごせていること
┗目指すべき状態像が具体的にわかりやすい

17

ターミナル期を穏やかに過ごすため、がんによる痛みや不安の軽減を目指す

第1表　施設サービス計画書（1）

利用者名　**長崎綾人**　殿　　　生年月日　昭和 9 年 6 月 2 日

施設サービス計画作成者氏名及び職種

施設サービス計画作成介護保険施設名及び所在地

施設サービス計画作成（変更）日　令和 5 年 11 月 28 日

認定日　令和 5 年 9 月 14 日　　　　認定の有効期間

要介護状態区分	要介護1 ・ 要介護2
利用者及び家族の生活に対する意向	（本人）身体に強い痛みがあり、食事も摂れず家族に心配 させたいです。これからのことを考えると、不安 家族に迷惑をかけたくなくて施設に入所しました （妻）痛みで食事も摂れず、どんどん痩せていくので心 （長男）父の希望もあり、施設に入ることになりましたが、 サポートしていきたいと思います。可愛がってい （今後の方向性）第一に「痛み」と「夜間の眠れなさ」を医師と相 しながら家族や友人との時間を大切にできるよう
介護認定審査会の意見及びサービスの種類の指定	特になし。
総合的な援助の方針	身体の痛みなどがあり、食事の量が減り、不安で夜も眠れな 「痛みを緩和すること」「夜間に眠れること」を第一にした暮 意識レベルの低下がみられる場合は、緊急連絡先に連絡します。 ○○クリニック○○医師（TEL：000-0000-0000）

> 総合的な援助の方針には、緊急事態が想定される場合、緊急と想定される状態や緊急連絡先の記載をするのが望ましい

初回　・　紹介　・　⦅継続⦆　　　　⦅認定済⦆・　申請中

住所　　○○県 ○○市

徳島花子　介護支援専門員

介護医療院平和　　○○県○○市

初回施設サービス計画作成日　　令和5年　9月　22日

令和5年　8月　13日 ～ 令和6年　8月　31日

・　　　要介護3　　　・　⦅要介護4⦆　・　　　要介護5

をかけてばかりです。痛みを調整して、自分が穏やかに過ごすことで、家族を安心

と怖さで夜も眠れないことがあります。せめて夜くらいはゆっくり眠りたいです。

が、家族や友人と過ごす時間もつくりながら残りの時間を大切に過ごしたいです。

配です。私たちも後悔のないように、夫と過ごしていきたいです。

最期まで家族と語らう時間を大切に過ごさせてあげたいです。家族もできることは

る県外の孫とも話をする時間をつくって、少しでも元気に過ごしてもらいたいです。

談しながら改善していきましょう。また、面会だけでなく、テレビ電話等も活用

サポートさせていただきます。

いことが増えています。チームの方針として、

らしを提供できるよう医師と相談し、都度、速やかな対応を行います。

（妻）○○1丁目（TEL：000-0000-0000）（長男）○○5丁目（TEL：000-0000-0000）

第2表　施設サービス計画書（2）

利用者名　**長崎綾人**　　　　　殿

生活全般の解決すべき課題 （ニーズ）	目標			
	長期目標	（期間）	短期目標	（期間）
背中や腰、足などに強い痛みがあり、食欲もありませんが、身体の痛みを和らげてゆっくり食事を摂れるようになりたい。	身体の痛みが減り、食事が摂れることで、体重が43kg（BMI値18.5）になること。	令和5年12月1日〜令和6年5月31日	身体の痛みが減っていること。	令和5年12月1日〜令和6年2月28日
			食事量が増え、体重が41kg以上（BMI値17）になること。	令和5年12月1日〜令和6年2月28日
身体が痛くて動けないが、痛みの軽い日は入浴して、身綺麗に暮らしていきたい。	床ずれや皮膚トラブルなく、衛生的な身体状態で過ごせていること。	令和5年12月1日〜令和6年5月31日	体調に応じた入浴（清拭・部分浴）ができていること。	令和5年12月1日〜令和6年2月28日
不安と怖さで夜も眠れないことがありますが、夜くらいはゆっくり眠りたい。	夜間5時間程度は眠ることができること。	令和5年12月1日〜令和6年5月31日	不安なときは、ゆっくりと自分の気持ちを話すことができること。	令和5年12月1日〜令和6年2月28日
			夜間2〜3時間程度は連続して眠ることができること。	令和5年12月1日〜令和6年2月28日
人生の限られた時間だと認識しており、最期の日まで家族や大切な友人とつながり続けていたい。	家族や友人と過ごす時間をつくれていること。	令和5年12月1日〜令和6年5月31日	妻や長男家族と会える時間をもてていること。	令和5年12月1日〜令和6年2月28日
			週1回は友人と過ごす時間をつくれていること。	令和5年12月1日〜令和6年2月28日

ニーズと長期目標は連動している。
ニーズの解決後の状態像が長期目標

援　助　内　容			
サービス内容	担当者	頻度	期間
①診察、痛みに対する薬の調整をします。 ②痛みの状況を確認します。 ③痛みの程度や部位を伝えます。	①医師 ②全職種 ③本人	①痛むとき ②痛むとき ③痛むとき	令和5年 12月1日～ 令和6年 2月28日
①食事や水分摂取量を確認します。 ②おやつ・栄養補助飲料の提供をします。 ③体重の測定と管理をします	①看護師・介護職員 ②管理栄養士 ③看護師・介護職員	①1日4回（毎食 　時、就寝前） ②1日2回 　（10時、15時） ③週2回 　（月・金）	令和5年 12月1日～ 令和6年 2月28日
①入浴、清拭、手浴、足浴の介助をします。 ②皮膚の状態を観察します。 ③寝返りの声かけをします。 ④同じ向きばかりで寝ないように寝返りをします。	①看護師・介護職員 ②看護師・介護職員 ③看護師・介護職員 ④本人	①週3回 　（月・水・金） ②毎食前 ③会話時 ④会話時	令和5年 12月1日～ 令和6年 2月28日
①睡眠状況を確認し、不安な気持ちを傾聴します。 ②自分の言葉でゆっくり気持ちを伝えます。	①看護師・介護職員 ②本人	①夜間不眠時 ②夜間不眠時	令和5年 12月1日～ 令和6年 2月28日
①睡眠状況や精神状態の診察。 ②服薬状況の確認、処方内容の調整をします。	①医師 ②医師・薬剤師	①夜間不眠時 ②夜間不眠時	令和5年 12月1日～ 令和6年 2月28日
①施設に来所しての面会。 ②タブレットでのオンライン面会。 ③タブレット操作の支援。	①妻・長男夫婦 ②他県に住む孫 ③介護職員	①週3回（火・木・ 　土）＋随時 ②週1回（金） ③週1回（金）	令和5年 12月1日～ 令和6年 2月28日
①施設に来所しての面会。	①友人の古賀さん、 　平野さん	①週1回（月）	令和5年 12月1日～ 令和6年 2月28日

17　ターミナル期を穏やかに過ごすため、がんによる痛みや不安の軽減を目指す

第4表　日課計画表

個別サービスは、入居者固有のサポートを明記

利用者名　長崎綾人　　　　　殿

		共通サービス	担当者	個別サービス
深夜	4:00			睡眠状態の確認、健康状態の観察
早朝	6:00			
		起床・整容介助	介護職員	起床、体調、皮膚の状態の確認、整容
午前	8:00	朝食・口腔清掃介助	介護職員	朝食の提供・食事量の確認
		服薬介助	看護師	
	10:00	おやつ・水分補給	介護職員	おやつ・栄養補助水の提供
				家族の面会（火・木・土）、友人の面会（月）
午後	12:00	昼食・口腔清掃介助	介護職員	皮膚の状態の確認、昼食の提供・食事量の確認
		服薬介助	看護師	
	14:00	入浴・清拭・部分浴介助（月・水・金）	看護師・介護職員	体重測定（月・金）
		おやつ・水分補給	看護師・介護職員	おやつ・栄養補助水の提供
	16:00			孫のオンライン面会（金）
				皮膚の状態確認
夜間	18:00	夕食・口腔清掃介助	介護職員	夕食の提供・食事量の確認
		服薬介助	看護師	
	20:00			
		就寝介助	介護職員	
深夜	22:00			
	24:00			睡眠状態の確認、健康状態の観察
	2:00			睡眠状態の確認、健康状態の観察
	4:00			睡眠状態の確認、健康状態の観察
随時実施するサービス		痛みの状態確認 睡眠状況、精神状態の確認 状況に応じた医療的処置	医師 看護師	不安時に話を傾聴
その他のサービス		診察・薬の処方（医師　痛みが強いとき）　訪問理美容（2か月に1回）		

※「週間サービス計画表」との選定による使用可。　※入居者へのわかりやすさに配慮して、標準様式とは異なる表現にしています。

担当者	主な日常生活上の活動	共通サービスの例
介護職員		食事介助
		朝食
		昼食
看護師、介護職員	起床	夕食
介護職員	朝食・歯磨き	
	薬を飲む	入浴介助（　曜日）
管理栄養士	おやつ	
介護職員	家族や友人とゆっくり過ごす	清拭介助
看護師、介護職員	昼食・歯磨き	
	薬を飲む	洗面介助
看護師・介護職員	お風呂に入る（身体を拭く）、体重測定	
管理栄養士	おやつ	口腔清掃介助
介護職員	孫とテレビ電話で会話する	整容介助
看護師、介護職員		
介護職員	夕食・歯磨き	更衣介助
	薬を飲む	
	就寝	トイレ介助*
		飲水のサポート*
介護職員	※眠れないときは、看護師や 介護職員と話をする	体位変換
介護職員		
介護職員		
看護師、介護職員		

17 ターミナル期を穏やかに過ごすため、がんによる痛みや不安の軽減を目指す

18 パーキンソン病・アルツハイマー型認知症の終末期に希望を実現しながら過ごす

事例概要

氏　名	兵庫　恭子（女性）
年　齢	82歳
要介護度	要介護4
家族構成	長男夫婦が近隣に居住している。
経　過	パーキンソン病、アルツハイマー型認知症が進行。意識レベルが低下し、せん妄が起こることもある。痰がらみにより、食事もままならず、寝ている時間も増えている。病院への入院や治療は望まず、グループホームでの看取りを本人、家族ともに希望された。提携医療先・訪問看護師と連携しながら支援を行う。

看取りケアの特徴

　看取りケアとは、終末期の利用者等に対し、積極的な治療を行わず、本人らしい最期を実現できるよう生活を支えることです。介護保険では「看取り介護加算」が位置づけられ、より充実した看取りケアを提供できるよう環境の整備が進められています。

　看取り時の支援プロセスや対応方法を明確にするだけでなく、**ACP（人生会議）**の活用なども求められています。

＼看護師からのアドバイス／

24時間体制で医療機関と連絡がとれるようにしましょう。本人の意思確認が難しい場合、家族に確認し、変化に対応します。家族の気持ちも揺れ動きます。チームで統一した対応ができるよう、スタッフ間の共通認識を都度確認しましょう。

アセスメントのポイント

□ **終末期であることの確認**

　―医師の医学的知見に基づく回復の見込みがないという診断／本人・家族への説明

□ **施設での看取りの意向の把握**

　―本人・家族の看取りの希望／救急時の対応／延命治療の希望の確認／入所する施設

　　の特徴（できること、できないこと）の把握、説明

□ **多職種との連携**

　―医師、看護職、ケアマネジャー、介護職員等の支援の方向性の検討／記録の活用

□ **施設の受け入れ体制の確認**

　―医療連携体制加算を算定できる体制

□ **意思決定支援**

　―「人生の最終段階における医療・ケアの決定プロセスに関するガイドライン」等の

　　内容に沿った取り組み

ケアプランの書き方のポイント

　看取りケアの際、本人や家族の意向に沿った支援を具現化するためにも、誰が、何を、いつ、どのように行うのかをできる限り明確にし、支援チームの認識を一致させることが重要です。また、死に相対している本人や家族の気持ちを鑑みた表現に配慮します。

　あらかじめ発生する可能性が高い緊急事態が想定されている場合には、緊急時の対応方法や、対応機関、その連絡先を総合的な援助の方針に記載しておくことが望ましいです。

NG 文例	**OK** 文例
［第1表］総合的な援助の方針	［第1表］総合的な援助の方針
●**不穏のときは医師に連絡します。** └ 想定される緊急事態や対応方針があいまい ●**呼吸の停止時は下記に連絡** 　〇〇医院（電話）　長女（電話） └ 本人や家族に配慮した記載になっていない	●**意識状態の低下や呼吸の乱れなど本人** **が重篤な場合はすぐに長女様に連絡。** **長女様 〇〇〇-〇〇〇〇-〇〇〇〇** ※平日8：30〜17：00までは仕事により電話がつながらない場合があります。 └ 想定される緊急事態や対応方針が明確になっている

第1表　施設サービス計画書（1）

利用者名　**兵庫恭子**　殿　　生年月日　昭和 16 年 10 月 16 日

施設サービス計画作成者氏名及び職種

施設サービス計画作成介護保険施設名及び所在地

施設サービス計画作成（変更）日　令和 5 年 11 月 25 日

認定日　令和 5 年 7 月 30 日　　　　　　　　認定の有効期間

要介護状態区分	要介護 1　・　要介護 2
利用者及び家族の生活に対する意向	（本人）　痰がらみや食欲低下などの体調不良は自覚されて 得られませんでしたが、説明に対しては首を縦に （長男）　本人は元気だったときから無理な延命は希望して 本人にとってよいと思っています。何よりも「苦 （今後の方向性）食事量の低下、活気の喪失、発語の減少がみられ 相談しながら継続していきましょう。また、苦痛
介護認定審査会の意見及びサービスの種類の指定	特になし。
総合的な援助の方針	身体機能の低下により今後も病状や身体状況が変化していく 支援チームは、苦痛に対しての観察を常に行います。痛みに 【家族連絡先】兵庫弘幸（長男）TEL:000-0000-0000 【提携医連絡先】○○○クリニック○○○○医師

初回　・　紹介　・　（継続）　　　　　（認定済）・　申請中

住所　　○○県 ○○市

山梨花子　介護支援専門員

○○ホーム グループホームかがやき　○○県○○市

初回施設サービス計画作成日　　令和 3 年　8 月　12 日

令和 5 年　8 月　1 日 ～ 令和 8 年　7 月　31 日

・　　要介護 3　　・　（要介護 4）　・　　要介護 5

いる様子です。意向については、明確な返答は　　　　　本人の具体的な意向が認められない場
　　　　　　　　　　　　　　　　　　　　　　　　　　合、頷くなどによる意思表示も意向と
振り、頷いていらっしゃいました。　　　　　　　　　して記入することは差しつかえない

いませんでした。最期まで住み慣れた場所や人と生活するほうが私も安心ですし、

痛の軽減」をお願いできたらと思います。

ます。見えない物が見えるときもあるようです。まず、痛みのない暮らしを医師と

を強いるような治療やケアを行わず、穏やかな毎日を送るための支援をします。

可能性が高いことを令和 5 年 11 月 15 日に医師より説明を受けています。

ついて表現できないこともあるため、表情などさまざまな観察を行います。

※意識状態や呼吸機能の低下など本人が重篤な場合は、すぐに連絡してほしいとの希望あり。

TEL:000-0000-0000　　※24 時間、相談・連絡可能。

第2表 施設サービス計画書（2）

利用者名　**兵庫恭子**　　　殿

生活全般の解決すべき課題 （ニーズ）	目標			
	長期目標	（期間）	短期目標	（期間）
身体の痛み等がありますが、痛みを軽減した状態で暮らしたい。	痛みの少ない状況で生活ができていること。	令和5年11月25日〜令和7年1月31日	ベッドで寝ている時間を苦痛なく過ごせること。	令和5年11月25日〜令和6年12月31日
食欲が低下していますが、なるべく自分の口から食べることを維持したい。	自分の口から食べることができること。	令和5年11月25日〜令和7年1月31日	食事を数口でも口から食べることができていること。	令和5年11月25日〜令和6年12月31日

※認知症対応型共同生活介護の利用者が急性増悪等により訪問看護を利用した場合の取扱いについて

急性増悪等により訪問看護が必要となり、医師の指示書および特別訪問看護指示書の交付を受けて、訪問看護ステーションから訪問看護を行った場合は、指示の日から14日間を上限として、医療保険において訪問看護療養費を算定できる。医療機関においては在宅患者訪問看護・指導料を算定できる。

参照：介護保険最新情報vol.151「介護報酬に係るQ&A [12]」平成15年5月30日

援　助　内　容			
サービス内容	担当者	頻度	期間
①居室訪問時に頻回に体位変換を行い、皮膚の発赤など褥瘡の兆候に注意します。	①看護師(訪問看護)・介護職員	①毎日 ※1時間おきに安否確認します。	
②痰がらみが軽減するよう体位をつくることや、排出しやすくなるようタッピングを行います。痰がらみの状態がひどいときは訪問看護事業所へ連絡します。	②看護師(訪問看護)・介護職員	②毎日	令和5年11月25日～令和6年12月31日
③体調に応じた入浴介助や身体の清拭を行い、身体に負担のない範囲での身体の清潔を保持します。	③看護師(訪問看護)・介護職員	③月2回	
④体圧分散マットレス等を使用し、安楽な体勢で苦痛なく過ごせるよう、医師や看護師の指導のもと、福祉用具を選定・提供します。	④医師(○○クリニック)訪問診療・居宅療養管理指導看護師(訪問看護)	④毎日	
①嚥下状態に注意しながら、食事量や水分量をチェックし、記録します。食事量が低下している場合は、医師や看護師に相談します。	①介護職員	①食事時	令和5年11月25日～令和6年12月31日
②車いす移乗時はポジショニングに注意し、むせずに嚥下できる工夫をします。	②介護職員	②食事時	
③食事が摂れないときでも、エネルギーとなるアイスやプリン、高カロリーゼリーや飲料など食べられる物を食べる努力をします。	③本人	③毎日	

施設における ACP（人生会議）を考える

　自分らしい暮らしを人生の最期まで続けるために、ACP（Advance Care Planning／愛称：人生会議）は、2018（平成30）年頃から国により推進されてきました。現在は、医療現場での普及が進んでいる状況ですが、介護・福祉現場におけるACPの重要性は増しています。

【ACPとは？】

　もしものときのために、本人が望む医療やケアについて前もって考え、家族等や医療・ケアチームと繰り返し話し合い、共有することです。

ACPの展開イメージ

①望む医療やケアについて前もって考える
（Advance Care Planning）
自分の想い（希望）を考えてみる、文章にまとめる。

②想いを伝える
自分の想いを信頼できる人に伝える、相談してみる。

　施設で暮らす入居者にも身近な話題です。「もし、自分が寝たきりになったら……」「認知症等になったら……」「自分で食事が食べられなくなったら……」など事前に考えておいたほうがよいことは多数あります。

　ACPは、エンディングノートと似ているようで違います。エンディングノートは、葬儀や相続など最期を迎える準備に関することを書き残すことで、ACPは自分の価値観や気持ちを大切にしながら、医療やケアについて話し合い、共有するプロセスです。

　現在、施設では、看取りケアの拡充が図られているところですが、今後の利用者のケアのスタンダードにACPが位置づけられる日がくるのだと考えます。施設ケアマネジャーの皆さんも、まず、ACPの理解からスタートしてみませんか。

動画でもっと詳しく！
第3表　週間サービス計画表
第4表　日課計画表の書き方

　ケアプランの書き方について理解をより深めるために、以下の動画（約8分）を
ご活用ください。

動画の目次
○第3表　週間サービス計画表（32秒〜）
○第4表　日課計画表（3分55秒〜）

QRコードから動画を読み込んでください。お手持ちのスマホやiPadのカメラ等を
起動し、QRコードを映すと、動画ページへ進みます。

URLはこちら　https://chuohoki.socialcast.jp/contents/551

Column

合同会社 介護の未来 主催
令和5年6月8日（木）　未来塾in藤沢　「施設ケアプラン事例集」出版記念セミナー
　「施設ケアプラン事例集」出版記念セミナーを開催します。本セミナーを撮影した動画を、介護
の未来ホームページにて掲載いたします。
　本書をご購入いただいた方限定でご覧になれますので、下記よりアクセスください。

URL：https://kaigonomirai.net/
パスワード：mirai2023

—— おわりに ——

施設に関する書籍を2冊発刊できたことについて、本当にうれしく思います。多くの施設ケアマネジャーの皆さんからの期待に少しでも応えられていたら幸いです。

介護保険制度がスタートしてから、施設ケアマネジメントに対する改正は十分でなく、議論されたことを記憶する人も少ないのではないか、というのが現在の状況です。その理由は何だと思いますか。

私にも正解はわかりませんが、勝手に推測すると、①地域包括ケアシステムの名のもとに居宅ケアマネジメント偏向が強すぎる、②居宅ケアマネジャーと比較し、施設ケアマネジャーの絶対数が少ない、③施設ケアマネジメントには給付管理という仕組みがないため財政的な関心が薄いなど、その他にも複数の要因が考えられます。

この現状に対し、少し乱暴に意見を述べれば、「施設ケアマネジメントも地域包括ケアシステムのなかで非常に重要な位置づけではないのか」「居宅ケアマネジメントと比較し、介護保険制度創設以降、施設ケアマネジメントに焦点を当てたような改正がほとんどない理由が全く示されないことに強い違和感を覚える」といったところです。

改めて、施設ケアマネジャーの皆さんと共有しておきたいことは、施設という住まいで暮らす入居者にとって、「施設ケアマネジメントは不可欠である」ということです。そもそもケアマネジメントは施設であれ、居宅であれ、介護予防であれ原理・原則は変わるものではありません。その変わらない原理・原則を大切にしながら施設ケアマネジメントの進化が求められています。

私は、現在の仕事を通じて今後も施設ケアマネジメントの現状と課題、そして、推進策をケアマネジャーの皆さんとともに考え、悩み、そして、実践の取り組みに変えられるよう応援させていただきたいと思います。

本書でも前作（文例・事例でわかる　施設ケアプランの書き方　具体的な表現のヒント）でもふれてきましたが、施設のもつ特徴（慣習等）がよい方向に動いていると感じる場合は、これまで以上に「暮らしと豊かさ」を自宅から離れて暮らす入居者に提供してください。

一方で、施設のもつ特徴（慣習等）がマイナスな方向に動いていて、現状を変えたい気持ちはあっても自分の力だけでは難しいと考えているケアマネジャーさんは、「無理をしないで」ください。自分ができることを一つひとつ丁寧に積み上げてください。綺麗ごとを言う人は、「変えるための努力をしないのはどうなのか」と言うかもしれません。しかし、私は言いません。「あなたが、傷つく必要はありません」と強調しておきたいと思います。

本書の作成にあたっては、未来塾メンバーや弊社スタッフにリアルな事例を書いてもらいました。忙しいなかで趣旨に賛同してくれたことに感謝しています。また、前作に引き続き中央法規出版の牛山さんとチームを組ませていただきました。前作よりもさらに洗練された編集者としての知恵や能力に今回も助けられました。次は、本書を手にとっていただいた施設ケアマネジャーの皆さんと直接お目にかかれる機会を楽しみにしております。

2023年5月　阿部　充宏

● 著者紹介

阿部　充宏（合同会社介護の未来　代表）

社会福祉法人に25年勤務し、法人事業部長や特別養護老人ホーム施設長を経て、2015年に合同会社介護の未来を興し、以降、現職。2016年よりケアプラン点検事業の業務委託を受け、2023年現在、15保険者（神奈川県・岩手県・福島県・山形県）で、年間約600人のケアプラン点検を実施している。また、指定市町村事務受託法人として、年間100事業所（6市町村）の運営指導を行っている。さらに、【未来塾】を主宰し、個人でも学べるセミナーや被災地活動を行っている（会員約1400人）。その他、一般社団法人神奈川県介護支援専門員協会元理事長（現相談役）。保有資格は、社会福祉士・介護福祉士・介護支援専門員。

主な著書として、『オリジナル様式から考えるケアマネジメント実践マニュアル（居宅編・施設編・介護予防編）』（中央法規出版）、『ケアマネジャー試験過去問一問一答パーフェクトガイド』（中央法規出版）、『改訂　文例・事例でわかる　居宅ケアプランの書き方—— 具体的な表現のヒント』（中央法規出版）、『文例・事例でわかる　施設ケアプランの書き方—— 具体的な表現のヒント』（中央法規出版）、その他雑誌掲載等多数。

【介護の未来ホームページ】
https://kaigonomirai.net/ 「阿部のつぶやき」毎日更新中！

● 事例点検協力者

・青地千晴
・倉橋照代
・露木昭彰

● 事例提供協力者

・石井真由美
・大網千尋
・鈴木陵
・永島由理子
・水口綾
・横山まり子

（五十音順・敬称略）

施設ケアプラン事例集
疾患別・状態別書き方のポイント

2023 年 6 月 20 日　初　版　発　行
2024 年 8 月 10 日　初版第 2 刷発行

著　者……………………………阿部　充宏
発行者……………………………荘村　明彦
発行所……………………………中央法規出版株式会社
　　　　　　　　　　　　　　〒 110-0016 東京都台東区台東 3-29-1　中央法規ビル
　　　　　　　　　　　　　　TEL 03-6387-3196
　　　　　　　　　　　　　　https://www.chuohoki.co.jp/

印刷・製本…………………………新津印刷株式会社
装幀・本文デザイン………Isshiki
本文イラスト ………………………ふるやますみ

ISBN978-4-8058-8897-1